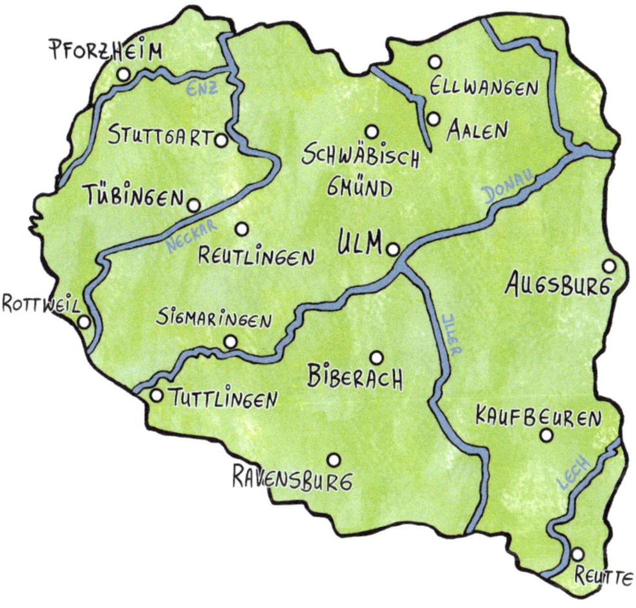
PFORZHEIM
ENZ
STUTTGART
TÜBINGEN
NECKAR
REUTLINGEN
ROTTWEIL
SIGMARINGEN
TUTTLINGEN
SCHWÄBISCH
GMÜND
ULM
ELLWANGEN
AALEN
DONAU
AUGSBURG
ILLER
BIBERACH
RAVENSBURG
KAUFBEUREN
LECH
REUTTE

ELISABETH KABATEK

Schwäbisch

Vom Schwätza, Schaffa ond Lacha

Dudenverlag
Berlin

Vorwort

Mit dem schwäbischen Dialekt verbindet mich eine wechselvolle Geschichte. Ich bin in Gerlingen bei Stuttgart aufgewachsen, in einer abgesehen von meinem Vater sehr stark Dialekt sprechenden, landwirtschaftlich geprägten Familie. Als ich auf das Gymnasium kam, trafen dort die Schwäbisch schwätzenden Kinder aus dem alten Ortskern auf die »hochdeutschen« Kinder der zugezogenen Familien, die oben auf der Schillerhöhe wohnten und bei Bosch oder Daimler arbeiteten. Die Zweiteilung war nicht nur eine geografische. Damals hatte ich zum ersten und bestimmt nicht letzten Mal das Gefühl, dass Schwäbisch von Menschen, die nicht aus Schwaben stammen, in die Kategorie »ungehobelt und ungebildet« eingeordnet wurde. Nach dem Abitur verließ ich das schwäbische Sprachgebiet, lebte im In- und Ausland und kehrte erst Jahre später nach Stuttgart zurück. Da ich immer wieder die Erfahrung gemacht hatte, aufgrund meines Dialekts belächelt oder aufgezogen zu werden, hatte ich mir Schwäbisch weitgehend abgewöhnt. Anfangs empfand ich geradezu Widerstreben, Schwäbisch zu sprechen.

Langsam, über die Jahre, änderte sich meine Haltung. Immer mehr wurde mir bewusst, dass der Dialekt keine Last ist, sondern ein Schatz – ein zusätzliches Register, auf das man bei Bedarf zugreifen kann, und ein Teil meiner Identität. Der Dialekt bringt andere Facetten ins Spiel, er spiegelt Mentalität und Geschichte meiner Heimat wider, und mit ihm lassen sich Dinge auf eine Weise ausdrücken, wie es in der Standardsprache nicht möglich ist. Zunehmend fing ich an, diesen Schatz für mich zu entdecken und auch Texte auf Schwäbisch zu schreiben. Wenn ich in Dörfern und Städten Lesungen auf Schwäbisch abhielt oder schwäbisches Kabarett machte, sammelte ich die schönsten Sprüche aus dem jeweiligen Ort. Oft kamen hinterher ältere Menschen zu mir, um sich zu bedanken. Sie litten darunter, dass ihre Kinder und Enkelkinder lieber Hochdeutsch sprechen wollten als Schwäbisch. Sie hatten den Eindruck, dass der Dialekt immer mehr ausstirbt und sie immer mehr ihre Identität verlieren.

Heute bin ich der Meinung, dass Dialekte ein Kulturgut sind und gehütet und gepflegt werden müssen, weil sich in einer globalisierten Welt die Sprachen immer mehr angleichen. Ganz erstaunlich war für mich, dass mir beim Prozess des Schreibens scheinbar längst vergessene Wörter und Ausdrücke aus meiner urschwäbischen Kindheit wieder ins Gedächtnis kamen, oft auch verbunden mit einer Anekdote. Das Schwäbisch, das diesem Buch zugrunde liegt, ist das Schwäbisch meiner Stuttgarter Heimat, wobei immer wieder auch auf den Sprachgebrauch in anderen Regionen verwiesen wird. Sprache und sprachliches Erleben sind aber nicht nur davon abhängig, in welchem Sprachraum jemand aufgewachsen ist oder lebt, sondern haben immer auch mit der eigenen Geschichte und Identität zu tun. So kennt manche Leserin und mancher Leser vielleicht Wörter oder Wendungen in anderen Varianten oder Kombinationen als in diesem Buch beschrieben.

Alle neueren wissenschaftlichen Publikationen zum Schwäbischen sowie der »Sprechende Sprachatlas

Baden-Württemberg« stammen von Hubert Klausmann und seinen Mitarbeiterinnen und Mitarbeitern am Ludwig-Uhland-Institut für Empirische Kulturwissenschaft in Tübingen. Ich hätte insbesondere die Kapitel zur Entstehung der schwäbischen Dialekte, zu ihrer Unterteilung und geografischen Zuordnung ohne diese Unterstützung nicht schreiben können. Was den Wortschatz angeht, ist unübertroffenes Standardwerk das »Schwäbische Handwörterbuch« von Hermann Fischer und Hermann Taigel.

Möge dieses Buch denjenigen viele Wiedererkennungsmomente bescheren, die sich mit dem schwäbischen Dialekt auskennen, und allen, die nicht damit aufgewachsen sind, helfen, sich im schwäbischen Sprachraum willkommen und daheim zu fühlen!

Adele!

Begrüßung und Abschied

Der letzte württembergische König, Wilhelm II., der von 1891 bis 1918 regierte, ist im kollektiven Bewusstsein als volksnaher Monarch verankert. Er wohnte in Stuttgart nicht im Neuen Schloss wie seine Vorgänger, sondern im Wilhelmspalais (heute Stadtpalais), von wo aus er täglich mit seinen beiden Spitzen Ali und Rubi Spaziergänge unternahm – wie ein normaler Bürger eben. Wenn er seinen Untertanen und Untertaninnen begegnete, grüßten sie ihn mit einem respektvollen, aber simplen »Grieß Gott, Herr Kenig!«, worauf er zurückgrüßte und dabei seinen Hut lupfte, selbst vor den Dienstmägden. Mit Hut und Hunden ist er auch als Denkmal vor dem Stadtpalais verewigt.

Als Kind grüßte auch ich noch alle Erwachsenen, die mir auf dem *Trottwa* (›Gehweg‹) in Gerlingen entgegenkamen, mit einem artigen *Grüß Gott*, egal, ob ich die Person kannte oder nicht, und bekam *Grüß Gott* zur Antwort. Das war üblich, selbst in einem Ort mit 20 000 Einwohnerinnen und Einwohnern. Das ist längst nicht mehr so und *Grüß Gott* wird zunehmend ersetzt durch das hochdeutsche *Hallo*, gerne schwäbisch auch *Hallole*, *Ich grüße Sie* oder *Dag*, aber auch durch *Guda Morga* und *Gudn Obend / Gud Na(ac)hd*. Im »Sprechenden Sprachatlas« ist das abgekürzte *Dag* in der Osthälfte von Baden-Württemberg dokumentiert und ein immer seltener vorkommendes *Grüß Gott* in der Westhälfte, das im Süden zu *Grüaß* oder *Griaß Gott* wird.

Der in der Pandemie verloren gegangene Handschlag (schwäbisch *an Badsch gäba*) ist zumindest bei offiziellen oder formellen Anlässen durchaus wieder üblich und passt zu den eher zurückhaltend-distanzierten Umgangsformen in Schwaben. Herzliche Umarmungen sind erst nach zwanzig bis dreißig Jahren Bekanntschaft denkbar. Nun gut, das klingt jetzt ziemlich böse, aber vor allem in der älteren Generation bleibt man erstens ziemlich lange beim *Sie* und zweitens körperlich auf Distanz. Um das Dilemma »Sie oder du« zu lösen, gibt es in Schwaben eine clevere Lösung, das *ihr*. Das benutzt man im Gespräch mit mehreren Personen, für die man *Sie* als zu formell und *du* als zu

persönlich empfindet. Beispielsweise könnte ein Wirt oder eine Wirtin in einer Besenwirtschaft, in der es in der Regel informell zugeht, fragen: »Wellad ihr lieber an den oder den Disch hocka?« Eine einzelne Person würde er oder sie dann trotzdem siezen. Die ansonsten verbreitete Distanziertheit im Umgang ist bei jüngeren Menschen inzwischen weniger stark ausgeprägt.

Für den Abschied verwendet man im Schwäbischen hauptsächlich ein Wort, nämlich das vom französischen *adieu* abgeleitete *Ade*. Das wird im zentralen Schwaben mit einem langen *e* gesprochen, im Westen dagegen auf der ersten Silbe betont und auch mal *Adje* oder *Adjö* ausgesprochen. Im »Schwäbischen Handwörterbuch« (S. 63) steht zu lesen, dass der am häufigsten benutzte Abschiedsgruß neben *Ade* »B'hüet di/Sie Gott!« war, also ›Behüte dich/Sie Gott!‹, worauf man mit »Und euch auch« antwortete. Während sich *Pfiat di* im Bairischen erhalten hat, ist es aus dem Schwäbischen beinahe völlig verschwunden; im »Sprechenden Sprachatlas« finden sich noch Beispiele aus dem Südosten des Landes. Wahrscheinlich droht dem schönen Wort *Ade* dasselbe Schicksal, denn man hört es immer seltener. Dabei ist *Ade* oder *Adele* ein weitaus schönerer Abschiedsgruß als die mittlerweile gebräuchlichen *Wiedersähn*, *Tschau* oder *Tschüssle*! Auch hört man im Geschäft oder unter Bekannten die Verabschiedungen »Scheene Middag!« oder »No an scheene Obend!«. In meinen Ohren klingt das künstlich und passt nicht zum Schwäbischen. Schwäbisch ist sehr direkt, manchmal ein wenig grob, aber auf keinen Fall übertrieben höflich. Im Schwäbischen säuselt man nicht. Dann doch lieber nur: »Adele! Ond schaffads' guat!«

Artikel

Der Butter

Sie sind bei schwäbischen Bekannten zum Frühstück eingeladen und wollen gerne auf Ihre Brezel Butter streichen, die ist aber am anderen Ende des Tisches? Dann sagen Sie: »Gib mir amol den Buddr rom!« Die Butter ist nämlich männlichen Geschlechts. *Der Butter* ist sicher das bekannteste Beispiel, bei dem im Schwäbischen aus dem weiblichen ein männlicher Artikel wird. Aber auch viele andere Substantive wie *dr Schogglad*, *dr Zeh* (oder *Zaia*), *dr Schneck* oder *dr Socka* sind männlich, genauso *der Backa*, wie beispielsweise in der heute eher scherzhaft benutzten Drohung: »I schlag dr a baar an (den) Backa noh!« (›Ich gebe dir ein paar Schläge auf die Backe!‹, sprich: ›Ich haue dir eine runter!‹) Im Jahr 2020 löste außerdem *dr Virus* nicht *das Virus* die Coronapandemie aus.

Es gibt hingegen auch Fälle, in denen Substantive ins Neutrum wechseln, so wird aus *die Ecke 's Eck*, aus *der Teller* wird *'s Deller*. Verkehrsmittel sind grundsätzlich männlich, wenn sie mit Nummern abgekürzt werden. In Stuttgart heißt die Straßenbahn offiziell Stadtbahn, aber die meisten Leute sagen immer noch *Stroßaboh*, und wenn sie mit der Linie 6 fahren, dann nehmen sie *den Sechser*. Schön dokumentiert ist das in einem Lied des legendären schwäbischen Liedermachers Wolle Kriwanek: »I muaß die Stroßaboh noch kriaga, bloß der Femfer brengt mi hoim ...«

Artikel stehen grundsätzlich auch vor Namen (*d'Hannelore*, *dr Rainer*) oder Berufsbezeichnungen: »Dr Dokter

Hämmerle hot gsagt …« Nicht mehr so häufig hört man die Umstellung von Vornamen und Namen mit dem Artikel: »D'Zimmermanns Emilie isch d'Drepp nooghagelt.« (›Emilie Zimmermann ist die Treppe hinuntergefallen.‹) Oft wird im Zusammenhang mit Personen, die einem nahestehen (Eheleute, Kinder), das Possessivpronomen benutzt: »Mei Michael hot jetzt ibrigens a neis Gschäft beim Daimler!« (›Michael hat jetzt übrigens einen neuen Job bei Daimler!‹)

Der Sechser brengt mi hoim

Aussprache

Vokalvielfalt und Lautwandel

Das Schwäbische weist mehr Laute auf als das Hochdeutsche, was für *Reigschmeckte* (›Zugezogene‹) die Aussprache kompliziert machen kann. Im Schwäbischen gibt es je nach Betrachtungsweise sieben oder acht Grundvokale, außerdem Nasallaute und noch mehr Diphthonge. Mit dem normalen Alphabet lassen sich diese Laute nur schwer darstellen (s. Kap. »Verschriftung«). Aufgrund dieser Vielfalt kann hier nur eine Auswahl von Besonderheiten der Aussprache aufgeführt werden (s. auch Kap. »Lenisierung«). Zudem werden diese Eigenheiten im Rest des Buches manchmal zugunsten der Lesbarkeit der Dialektwörter außer Acht gelassen.

Nehmen wir als Beispiel den Satz »Moo gohsch noo no noo?«, also ›Wo gehst du dann noch hin?‹. Je nach Region und Sprecher bzw. Sprecherin gibt es in diesem Satz eine unterschiedliche Anzahl von *o*-Lauten. *Mo* klingt ähnlich wie das »offene *o*« in *Korken*, *no* ähnelt dem »geschlossenen *o*« in *Rose*. Die Vokale können dazu aber noch nasaliert, also leicht näselnd ausgesprochen werden. Ein gutes Beispiel dafür ist auch das Wort *Daube*. Das kann, wenn man es liest, entweder ›gehörlose Menschen‹ oder ›Tauben‹ bedeuten. Bezieht es sich auf die Menschen, wird der Diphthong wie im Hochdeutschen ausgesprochen; sind jedoch die Tauben gemeint, handelt es sich um einen nasalierten Diphthong.

Bleiben wir bei den Vokalen, die sich oft vom Hochdeutschen unterscheiden. Der Vokal *a* wird in der

Wortmitte oft zu *o*. So wird aus *Mann* der *Moo*, aus *Nachbar* der *Nochbor*. Das *a* kann aber auch zu *ä* werden, so verändert sich *waschen* zu *wäscha*, oder gar zu *i*, denn *Sonntag* wird mancherorts zu *Sonndich*. *Sie sagt* kann zudem je nach Region auch zu *sie sechd* oder *sie said* werden. Der Vokal *o* bleibt im Anlaut gleich wie im Hochdeutschen (*Osten*, *Ochse*), kann aber zum Beispiel auf der Schwäbischen Alb im Wort zu *au* werden, so wird aus *rot* dann *raud*. Es lässt sich auch beim *u* beobachten, dass es zu *ua* wird, so wird aus *Kuh* die *Kua*. Anlautendes *u* verändert sich in der Regel zu *o*, wenn es vor *n* oder *m* steht, so wird aus *ungemütlich oogmitlich*, aus *umsonst omsonscht*. Auch im Wort kann *u* zu *o* werden, so wird aus *Kunst* die *Konscht*, aus *Blumen* die *Bloma* und *Hund* wird zu *Hond*. Ein *i* vor einem *n* kann schließlich zu *e* werden, das *Kind* wird also zu *Kend*.

Auch bei den Umlauten gib es Ausspracheunterschiede zum Hochdeutschen: Das *ü* wird im Anlaut zu einer Mischung aus *ü* und *i*, im Wort wird aus *Füße* dann *Fiaß*, aus *Tübingen* wird *Dibenga* oder *Diabenga*, aus *grün grea*, im Stuttgarter Raum bliebe es bei *grün*. Schwierig wird es da bei dem Wort *Hausdier*: Im Neutrum bezeichnet es ›das Haustier‹, im Femininum dagegen ›die Haustür‹. Auch der Umlaut *ö* wird im Anlaut eine Mischung aus *ö* und *e*, im Wort wird er zu *e*, so wird aus *Blödsinn* der *Bledsenn*. Das hochdeutsche *ä* bleibt hingegen gleich, aus *Häschen* wird das *Häsle*.

Überaus reich ist das Schwäbische an Diphthongen: Es gibt insgesamt fünfzehn davon, also sehr viel mehr als im Hochdeutschen! Der Plural von *Haus*, schwäbisch *Heiser* statt *Häuser*, entspricht beispielsweise lautlich nicht *heiser*

Hausdier

sein, sondern enthält einen spezifisch schwäbischen Diphthong, dessen Aussprache in Richtung des Diphthongs *äi* in *Spray* geht. Der hochdeutsche Diphthong *ai* geht wiederum in Richtung *oi*, weshalb aus den *Eiern* die *Oier*, aus *er heißt er hoißt* und aus *keiner koiner* wird. Richtig kompliziert wird es bei Wörtern wie *Feier*. Das kann nämlich zweierlei bedeuten, entweder die hochdeutsche ›Feier‹ oder das ›Feuer‹, da aus *oi* im Schwäbischen *ei* wird. Genauso kann auch das Wort *leida* doppeldeutig sein – es kann ›leiden‹ oder ›läuten‹ bedeuten. Es gibt aber auch Fälle, in denen im Gegensatz zum Hochdeutschen kein Diphthong vorhanden ist, so heißt die *Aufregung* in Schwaben *Ufregong*. *Net so oifach!*

Berlin

Spätzleskrieg und Schwabylon

Wir schreiben das Jahr 1990. Berlin ist (wieder) Hauptstadt von Deutschland und das hat Folgen: Viele Firmen aus Schwaben ziehen aus Lobbygründen nach Berlin. Die Begeisterung darüber hält sich bei Mitarbeiterinnen und Mitarbeitern, die *Häusle*, *Gärtle* und die Schulen ihrer Kinder im Südwesten haben, in Grenzen. Berlin mag ja nett sein für ein paar Tage Tourismus, aber zum Leben? Viel zu weit weg, viel zu flach, zu groß und vor allem in der völlig falschen Himmelsrichtung. Historisch hat man sich hier schon immer nach Westen und Süden orientiert, nicht nach Preußen. Viele nehmen sich eine Einzimmerwohnung und pendeln lieber, als den Wohnort zu wechseln. Nicht nur Firmen und Agenturen, auch viele freischaffende Künstlerinnen und Künstler zieht es nach Berlin. Die gehen zwar freiwillig, kehren der Hauptstadt aber oft schon nach ein paar Jahren wieder den Rücken, weil der Erfolg ausbleibt und das Geld dort nicht so locker sitzt. »Des hett i dir glei saga könna«, spotten die, die in der Heimat geblieben sind. Manche jedoch machen in der Hauptstadt ihr Glück und wollen fortan nichts mehr wissen von schwäbischer Provinz und Spießigkeit. Ein ambivalentes Verhältnis also.

Dann kam das Schicksalsjahr 2006, bei der Fußballweltmeisterschaft spielten »Jogis Jungs« in Stuttgart um den 3. Platz (und gewannen) und ganz Stuttgart sang: »Stuttgart ist viel schöner als Berlin!« Schwaben und Schwäbinnen entdeckten etwas Neues: ihr Selbstbewusstsein und die Fähigkeit, ausgelassen zu feiern. Sie mussten sich nicht länger im Schatten der Hauptstadt wähnen, sondern blickten staunend und mit Stolz darauf, dass Stuttgart reicher, gemütlicher und nicht so anonym war wie Berlin. Parallel zu dieser Emanzipation wuchs in Berlin der Groll gegen »die Schwaben«, die für so ziemlich alles verantwortlich gemacht wurden, was in der Hauptstadt schieflief, zum Beispiel die Gentrifizierung. Die Berliner Sicht sah so aus: Die Schwaben und Schwäbinnen, von denen es angeblich 300 000 in Berlin gab, verscherbelten ihre Einfamilienhäuser im Süden, kauften sich stattdessen im Prenzlauer Berg ein und trieben die Preise in die Höhe – und sie brachten nicht nur Maultaschen (mit denen hätte man leben können), sondern auch ihre Spießigkeit und die Kehrwoche mit. Das führte zum sogenannten »Spätzleskrieg«, bei dem unfreundliche Parolen gegen Schwaben und Schwäbinnen, die sich in ihrem »Schwabylon« breitmachten, auf Häuserwände geschmiert wurden.

Auf die Spitze treibt diesen schwäbisch-berlinerischen Kulturkonflikt die von der Alb stammende Komikerin Bärbel Stolz, besser bekannt als »Prenzlschwäbin«, die in Videos und Büchern schwäbische Mütter mit

Biodinkelstangen auf Spielplätzen im Prenzlauer Berg parodiert. Öl ins Feuer goss 2012 der damalige Bundestagsvizepräsident Wolfgang Thierse, der sich über die mangelnde sprachliche Anpassungsfähigkeit der Schwaben und Schwäbinnen beklagte:

> »Ich ärgere mich, wenn ich beim Bäcker erfahre, dass es keine Schrippen gibt, sondern Wecken. Da sage ich: In Berlin sagt man Schrippen, daran könnten sich selbst Schwaben gewöhnen. [...] Ich wünsche mir, dass die Schwaben begreifen, dass sie jetzt in Berlin sind. Und nicht mehr in ihrer Kleinstadt mit Kehrwoche.«

In der Tat. In Berlin sagt man *Schrippen* und in Schwaben sagt man *Weckle*. Und wird umgekehrt in der Bäckerei komisch angeguckt, wenn man *Brötchen* verlangt. Und das *Weckle* kommt in *a Guck* (s. Kap. »Guck«), nicht in eine Tüte. *Kabiert?* Da sind wir in Schwaben genauso wenig tolerant mit den *Reigschmeckten*, wie man es in Berlin mit uns Schwaben und Schwäbinnen ist ...

Brezel

Wo die Sonne durchscheint

Wahrscheinlich gibt es kein Lebensmittel, das so fundamental Bestandteil der schwäbischen Alltagskultur ist wie die (Laugen-)Brezel. Sie ist omnipräsent und lässt Spätzle, Maultaschen und Co weit abgeschlagen hinter sich. Man bekommt sie in jeder Bäckerei, wenn auch leider immer seltener tatsächlich von Hand gemacht, denn das Schlingen der Brezel ist aufwendig und der Umgang mit der (giftigen!) Lauge will gelernt sein, sodass zunehmend maschinell hergestellte Teiglinge im Handel sind. Der Spruch *etwas geht wie's Brezelbacken*, also schnell, ist damit eigentlich irreführend, und Tipps, wo man *gscheide* (›ordentliche‹) *Brezla kriagt*, werden heiß gehandelt. Eine Brezel muss frisch sein, sonst ist sie *lädschig*, weshalb gute Bäckereien mehrmals am Tag für Nachschub sorgen. In Stuttgart wird das Backwerk auf der Königstraße bei den sogenannten *Brezelkörble* verkauft. Schwäbinnen und Schwaben sind natürlich der Meinung, dass allein die schwäbische Brezel eine *gscheide isch*. Die bayerische Brezel beispielsweise hat zu viel Salz (nämlich überall, nicht nur auf dem Bauch) und ihre Ärmchen sind nicht kross (die müssen dünn und knusprig sein).

In Schwaben beansprucht man die Erfindung der Laugenbrezel für sich, streitet sich aber darüber, wo und wie sie entstanden ist. Die bekannteste Legende stammt aus dem Albstädtchen Bad Urach. Dort soll 1477 Graf Eberhard im Barte einen Bäcker namens Frieder gehabt haben, der ihn betrog. Da er auf seine Backkünste nicht verzichten wollte, warf er ihn ins Gefängnis und gab ihm folgende Aufgabe, um sein Leben zu retten: »Back ein Brot, lieber Freund, durch das die Sonne dreimal scheint.« Da dem Frieder nichts einfallen wollte, stand seine verzweifelte Frau mit verschränkten Armen vor der Kerkertür, welche ihn dann auf die Brezelform brachten. Konkurrenz zu dieser Geschichte kommt aus Altenriet im Kreis Esslingen. Dort wird jedes Jahr in der Woche vor Ostern der

Brezelmarkt gefeiert, dessen Höhepunkt ein großer Festumzug ist. Damit soll an zwei Kinder erinnert werden, die im Streit um eine Brezel in den eisigen Neckar fielen und ertranken. Der Legende nach war ihr Vater, der Burgherr, deswegen so verzweifelt, dass er von da an jedem Kind am Palmsonntag eine Brezel schenkte, damit es keinen *Händl* (›Streit‹) mehr gab.

Die Brezel kommt in unzähligen Lebenslagen zum Einsatz: Natürlich in erster Linie beim Frühstück, aber auch bei Besprechungen in Firmen, als Vesper bei Ausflügen, nachmittags beim Kaffee oder gegen später zum *Viertele*. Nichts eignet sich zudem aus Sicht schwäbischer Eltern besser, um den *grädicha*, also schlecht gelaunten Nachwuchs zu beruhigen. Der für seine Sparsamkeit legendäre Stuttgarter Oberbürgermeister Manfred Rommel führte bei Besprechungen im Rathaus die halbe Butterbrezel ein, was seine Sekretärin angeblich mit den Worten kommentierte: »Aber Herr Rommel, da muss man sich ja schämen!« Rommel konterte wohl: »Lieber a Viertelstündle gschämt ond's Geld gspart.« Der auch für seine Dichtkunst bekannte Rommel verfasste zudem ein Gedicht auf die Brezel:

> »Des Schwaben Klugheit ist kein Rätsel. Die Lösung heißt: Die Laugenbrezel! Schon trocken gibt dem Hirn sie Kraft. Mit Butter wirkt sie fabelhaft. Erleuchtet mit der Weisheit Fackel, den Verstand vom größten Dackel!« (s. zu *Dackel* Kap. »Schimpfen«)

Wer mehr über die Brezel wissen möchte, dem sei ein Besuch im Brezelmuseum in Erdmannhausen im Kreis Ludwigsburg empfohlen. Im ehemaligen Gebäude der 1950 gegründeten »Ersten Württembergischen Brezelfabrik« geht es um die Geschichte der Brezel, und bei Workshops kann man sich selbst im Brezelschlingen versuchen.

Dank, Lob, Liebe

Net gschempft isch gnuag globt

Danken und loben auf Schwäbisch? Manche mögen schon beim Lesen dieser Überschrift in schallendes Gelächter ausgebrochen sein. Die neue Frisur loben, sich für ein gutes Essen bedanken, inbrünstig seine Liebe erklären? Um es mal vorsichtig auszudrücken: Der Schwabe bzw. die Schwäbin verfügt nicht unbedingt über eine spanisch-leidenschaftliche Gefühlspalette. Da mag der Einfluss des Pietismus eine Rolle spielen, in dem Lob nicht wirklich vorgesehen ist, weil alles, was man gut macht, schließlich gottgegeben und deshalb keiner Erwähnung wert ist. Entsprechend karg ist die Anerkennungskultur im Schwäbischen – *net gschempft isch gnuag globt*. Das ist gar nicht böse gemeint und wenn man vorsichtig nachfragt, weil das erwartete Lob ausbleibt, merkt man an der erstaunten Reaktion, dass das Essen natürlich geschmeckt oder das Geschenk tatsächlich große Freude gemacht hat. Man hat nur irgendwie vergessen, es zu erwähnen. *Manchmol send die Schwoba halt rechde Stoffel!* Böse Zungen behaupten, das größte Lob für die schwäbische Hausfrau sei: »Du siehsch heit wieder so abgschafft aus.« Natürlich wird dabei die Klischeehaftigkeit auf die Spitze getrieben. Doch wie bei jedem Klischee gibt es auch hier einen wahren Kern. *Abgschafft*, also abgearbeitet auszusehen, passt nun einmal zum schwäbischen Arbeitsethos (s. Kap. »Klischees«).

Auch wenn es um Essen geht, fällt das Lob sehr bescheiden aus: »Dr Honger treibt's nei«, gerne auch »I ben satt worda« oder »Mr koh's essa«. Vorsicht, diese Sprüche werden mittlerweile als Witz gehandelt und sind nicht böse gemeint! Aber tatsächlich liegt Überschwänglichkeit nicht in der schwäbischen Natur. Lob und Dank fallen so karg aus wie ein steiniger Acker auf der Schwäbischen Alb. Auch deshalb, weil der Schwabe bzw. die Schwäbin als »maulfaul« gilt, also lieber zu wenig sagt als zu viel. Der Vorsitzende des Vereins »schwäbische mund.art e. V.«, Wolfgang Wulz, schrieb mir einmal: »Auf Schwäbisch gibt es für einfühlsam oder empathisch ja kein Wort – das Danken fällt dem Schwaben einfach schwer. Mein Großvater sagte immer: ›I will nex gschenkt, drmit e net Dankschee sage muaß!‹« Ja, in Schwaben hängt man sich nicht so gern weit aus dem Fenster, wenn es um Gefühle geht. Lieber nichts geschenkt bekommen, damit man sich nicht in ein Abhängigkeitsverhältnis begeben muss. Mitbringsel, großzügige Geschenke? Das löst einen schon fast automatischen Abwehrmechanismus aus: »Des fanga mr gar net erschd a!«

Entsprechend tut sich der Schwabe bzw. die Schwäbin auch mit der Liebe nicht so leicht. »Moogsch du mi au, em Fall dass i die meega däd?« Nein, das ist keine ernst gemeinte Liebeserklärung, sondern ein weiteres Beispiel dafür, wie man in Schwaben selbstironisch mit dem Mangel an Gefühlsüberschwang umgeht. Ebenso wenig wie: »Koiner hot se/ihn wella, aber i han se/ihn glei kriagt.« »Ich liebe dich«? Nein, das wird man aus einem schwäbischen Mund so nicht hören. Zu steif klingt das, zu aufgesetzt. »I moog di«, darauf kann man sich einigen. Geliebte heißen *Spätzle*, *Schätzle*, *Häsle*, *Schneckle*. So heißt auch ›ankuscheln‹ auf

Schwäbisch *nooschneckla*. Die Bedeutung von *Amenaschlupferle* erschließt sich, wenn man das Wort laut liest und auf dem zweiten *a* betont. Also etwa ›jemand, der/die sich an mich ankuschelt‹. Die Steigerung davon wäre: »du goldigs A-me-na-Schlupferle ond nemme-vo-mr-Weggangerle« (Widmann, S. 58). Ein Münsinger erklärte mir einmal, wie man auf der Alb einen Heiratsantrag macht: Man verabredet sich mit der Auserwählten zu einem Spaziergang im Heimatort, macht dann eine ausladende Handbewegung und sagt: »Des isch mei Äckerle ond des mei Wiesle, ond jetzt, was moinsch?« Das *Äckerle* ist uns in Schwaben halt näher als unser Herz. Dazu passt ebenfalls: »Schönheit vergeht – Hektar besteht.«

Dialekträume

Von der Enz bis zum Lech

Der gesamte schwäbische Sprachraum reicht von Ellwangen im Norden bis nach Reutte/Tirol im Süden und wird im Westen von Freudenstadt und im Osten von Augsburg begrenzt. Klausmann (2020) bedient sich verschiedener Referenzwörter, um die Großräume zu unterscheiden, darunter *Schnee*, *groß* und *größer*. Das Zentralschwäbische umfasst den Ludwigsburger, Tübinger und Stuttgarter Raum, es reicht im Osten bis Schwäbisch Gmünd und Ulm und im Süden etwa bis nördlich von Sigmaringen und Biberach. Hier werden unsere Referenzwörter *Schnai*,

Der schwäbische Sprachraum

grauß und *graißer* ausgesprochen. Dazu ist zu sagen, dass das Schwäbische im mittleren Neckarraum schon ziemlich geglättet ist. *Schnai* für *Schnee* hört man eigentlich erst in Richtung Schwäbische Alb.

Ich war immer der unerschütterlichen Meinung, Pforzheim und die Heilbronner Gegend seien ebenso glasklar dem schwäbischen Dialekt zuzuordnen – tatsächlich handelt es sich hier um das Übergangsgebiet ins Fränkische. Eine Freundin von mir aus Häfnerhaslach im Strombergebiet sagt beispielsweise *fena* für Hochdeutsch *finden*, während ich *fenda* sagen würde. Der Ausfall des *d* ist typisch für das Fränkische. In Lauffen am Neckar hörte ich *a* für *auch*, während man in Stuttgart *au* sagt. Der Übergang vom Schwäbischen ins Fränkische im Heilbronner und Pforzheimer Raum ist fließend, ebenso zwischen Heilbronn und Schwäbisch Hall. Klar definiert ist laut Klausmann die Westgrenze. Das Westschwäbische entspricht in etwa dem Schwarzwald, beginnt im Norden jedoch schon bei Böblingen und reicht bis ungefähr Rottweil und Tuttlingen im Süden. Unsere Referenzwörter werden auch im Westschwäbischen *Schnai*, *grauß* und *graißer* ausgesprochen. Auf dem Schwarzwaldkamm wird das Schwäbische von einem anderen alemannischen Dialekt, dem Oberrhein-Alemannischen, abgelöst.

Das Ostschwäbische umfasst die Ostalb bis Ellwangen im Norden und reicht im Osten bis Augsburg. Hier sagt man *Schnäa*, *groaß*, *gräaßer*. Neueren Forschungen zufolge lässt sich das Ostschwäbische noch einmal differenzieren in Nordostschwäbisch und Mittelostschwäbisch südlich von Aalen bis Günzburg und Augsburg. Im Mittelostschwäbischen sagt man zur *Nase Nees*, im Nordostschwäbischen

Naas, *sagt* wird im Mittelostschwäbischen *sait*, im Nordostschwäbischen *secht*. Auch im Osten gibt es klare Dialektgrenzen ohne Übergangsgebiete, die sich laut Klausmann an alten Siedlungsgrenzen orientieren, und zwar zum einen die Grenze zum Ostfränkischen nördlich von Ellwangen und die Grenze zum Mittelbairischen nördlich von Augsburg.

Das Südschwäbische reicht vom Donautal über Leutkirch im Osten bis Ravensburg und Friedrichshafen am Bodensee im Süden. Klausmann trennt davon noch einmal das Südostschwäbische ab, das ist das Gebiet östlich von Memmingen und Kempten, im Süden begrenzt von Reutte in Tirol. Im Südschwäbischen sind die Monophthonge, die einfachen Vokale, erhalten geblieben, es heißt also *Schnee*, *grooß*, *greeßer*. Dass Sprache und Dialekte nicht statisch, sondern ständig in Bewegung und Veränderung sind, lässt sich in Oberschwaben beobachten. Die ursprünglich schwäbisch-alemannische Grenze – Ravensburg schwäbisch, Friedrichshafen alemannisch – verschiebt sich immer mehr in Richtung Bodensee. Das Schwäbische expandiert hier sein Territorium, sodass das alemannische *Huus* zunehmend durch das schwäbische *Hous* ersetzt wird oder *glii* (*gleich*) zu schwäbisch *glei* wird – Monophthonge werden durch Diphthonge, also Doppelvokale, ersetzt.

Betrachten wir zum Abschluss noch ein paar der besonderen schwäbischen Sprachgebiete im Osten und Süden genauer. Schwäbisch und Bairisch stoßen zwischen Nordendorf und Augsburg aufeinander, hier bildet der Lech eine deutliche Sprachgrenze. Westlich des Flusses wird Schwäbisch gesprochen, östlich davon Bairisch. Entsprechend hört man für *breit* schwäbisch *broit*, auf der anderen Flussseite bairisch *broat*. Südlich von Augsburg bis nach Füssen hingegen vermischen sich Südostschwäbisch und Mittelbairisch zu einer Übergangsmundart mit schwäbischen und bairischen Merkmalen, die »Lechrainisch« genannt wird. Kurioserweise hat bei den Lautungen und der Grammatik das Schwäbische die Oberhand, beim Wortschatz jedoch das Bairische. Darüber hinaus hat das Lechrainische noch eigene sprachliche Besonderheiten, die weder schwäbisch noch bairisch sind. So sagt man dort *Weewa* für die schwäbische *Wäfzg* und die bairische *Weps* – immer handelt es sich dabei um die Wespe!

An das Lechrainische schließt sich in die Alpen und nach Österreich hinein ein weiteres schwäbisches Sprachgebiet an, das südlichste und kleinste von allen, das sogenannte »Außerfern«. Dabei handelt es sich sprachlich um eine Fortsetzung des Lechrainischen, allerdings mit einem höheren schwäbischen Anteil. Zentrum des Außerfern ist Reutte, im Westen reicht es bis nach Tannheim, und südlich endet das schwäbische Sprachgebiet in Nassereith am Fernpass.

Diminutiv

Mädle, Ländle, Schäfle

Die Bildung des Diminutivs, also der Verkleinerungsform, gehört sicherlich zu den bekanntesten sprachlichen Besonderheiten des Schwäbischen. Beim Diminutiv ersetzt das *-le* das standardsprachliche *-chen* und das weniger gebräuchliche *-lein*. »Schaffa, schaffa, Häusle baua (ond net noch de Mädla schaua)« – dieser Spruch ist wirklich überall bekannt, weshalb Schwäbinnen und Schwaben ihn (zu ihrem Leidwesen) oft von Auswärtigen schon während der Begrüßung um die Ohren gehauen bekommen. Der Unterschied liegt in der Wahrnehmung: Das *-le* erfüllt die Funktion des Diminutivs und ist in schwäbischen Ohren liebevoll gemeint, aber eben nicht niedlich-putzig, wie es oft von Außenstehenden dargestellt wird. *Mädle*, *Hondle*, *Schäfle* kommen uns ganz selbstverständlich vor! Liebevoll gemeint ist es auch, wenn in Stuttgart aus einem *Späti* nach Berliner Vorbild ein *Spätle* gemacht wird. Eindeutig als Kosewort gebraucht wird die Bezeichnung *Ländle*, gerne auch in den Varianten *Schwobaländle* oder *Musterländle*. Dass die Landesregierung daraus in einer Werbekampagne »The Länd« machte, kam bei den meisten Schwaben und Schwäbinnen nicht gut an (s. Kap. »Zukunft«).

Endet ein Wort bereits auf *-l*, dann wird nur ein *-e* angehängt. So wird aus dem Mantel *Mändele*, aus der Schüssel *Schüssele*. Endet ein Wort auf *-e*, wird dieses zu *-le* umgewandelt. Dann wird aus der Pfanne *Pfännle*, aus der Kanne *Kännle*. Aus dem Brunnen wird jedoch nicht *Brunnenle*, sondern *Brünnele*, wie im Volkslied »Und jetzt gang i an Peters Brünnele«. Im Plural werden die Wörter zu *die Mädla*, *die Kendla*, *die Pfännla*. Damit unterscheidet sich der Dialekt vom Hochdeutschen, wo Singular und Plural gleich gebildet werden: *das Mädchen*, *die Mädchen*. Nicht nur an Substantive kann ein *-le* angehängt werden, auch das schwäbische Grußwort *Ade* kann zu *Adele* werden, *Tschüss* wird gern einmal zu *Tschüssle*, und in Mails findet sich auch mal ein nett gemeintes *Grüßle* am Schluss.

Royal Ascot in Schwaben

Urschwäbisch ist »Sodele, jetzedle!«, eine Interjektion, die wie das hochdeutsche ›So(, jetzt aber)!‹ den Abschluss oder Neubeginn einer Handlung markiert.

Wichtig sind auch die *Stäffele*: Damit werden die Staffeln bezeichnet, Hunderte von Treppenanlagen, die die Stuttgarter Hanglagen auf einer geschätzten Gesamtlänge von zehn Kilometern durchziehen und schon vor Jahrhunderten als Fuß- und Bewirtschaftungswege durch die Weinberge angelegt wurden. Heute werden sie als Verbindungswege oder Spazierwege genutzt, da sie wegen der Kessellage der Landeshauptstadt oft zu schönen Aussichtspunkten führen. Sie sind mittlerweile eine Touristenattraktion, die bei schweißtreibenden Stadtführungen, den *Stäffelestouren*, erkundet werden können. Der Spitzname der Stuttgarter ist denn auch *Stäffelesrutscher*. Wenn an ein Wort mit Diminutiv ein zweites Wort angeschlossen wird, wird automatisch ein Fugen-*s* eingebaut. So entsteht die *Spätzlespresse*, das *Spätzlesbrett*, das *Bombolesbabier* (›Bonbonpapier‹), die *Vetterleswirtschaft* oder das *Viertelesglas*.

Durscht

Most, Wein oder Bier?

Im bäuerlich geprägten Schwaben mit seinen vielen Streuobstwiesen trank man früher vor allem den eigenen Most aus *Epfl ond Birna*, Äpfeln und Birnen, schwäbisch *Moscht* oder *Mooscht*, den man in einem blauen *Krügle* aus Steingut aus dem Keller holte. »Moogsch Mooscht, moogsch mi« (›Magst du Most, dann magst du mich‹) ist einer der vielen Zungenbrecher rund um den Most (s. Kap. »Zungenbrecher«). Bevor der Most ins Alkoholische kippt, trinkt man ihn als *Siaßmoscht*, also frisch gepressten Apfelsaft, so bekommt man ihn wie auch den neuen Wein in der Herbstzeit zum *Zwieblkucha* bei einer *Hocketse*, einem der vielen Feste, bei denen man auf Bierbänken *hockt*, *schwätzt* und *gern amol verhockt*. Aus dem vielen Obst wird auch Schnaps gebrannt, beispielsweise Birnen- oder Zwetschgenschnaps. Es gibt sogar nach Lauge schmeckenden Brezelschnaps. Wenn es dagegen heißt: »Doo kriagsch an Schnaps ohne Gläsle«, dann ist eine Moralpredigt zu erwarten (Widmann, S. 116).

Darüber hinaus ist Schwaben vor allem Weinland. Wein, schwäbisch *Wai* oder *Woi*, wird entlang des Neckars, der Enz, im Remstal, in Stuttgart und auch im württembergischen Teil der Bodenseeregion angebaut. Die heutige Großstadt Stuttgart war ursprünglich ein von Weinbergen (schwäbisch *Wengert*) umgebenes Dorf, dessen erster namentlich bekannter Bürger »Buzze« hieß und ein Weingärtner, ein *Wengerter,* war. Bis heute besitzt die Stadt Stuttgart ein eigenes städtisches Weingut. Wunderschön ist es, im Herbst in den in allen Farben leuchtenden Weinbergen im Neckartal oder im Remstal zu wandern oder *Schiffle* zu fahren und dies mit einem der unzähligen Weinfeste zu kombinieren, die auf den Weingütern, bei den Genossenschaften oder oftmals direkt *em Wengert* stattfinden. Bei der *Weiprob*, der Weinprobe, benutzt man dann ein *Brobiergläsle*. Der typisch schwäbische Wein ist der rote

Trollinger, der leider besonders anfällig ist für den Klimawandel, weil er nicht gut mit großer Hitze zurechtkommt. Bedauerlicherweise ist aus dem schwäbischen *Viertele* im traditionellen bauchigen Henkelglas mit grünem Griff vielerorts ein *Nullzwoerle* geworden, sodass der alte schwäbische Witz mittlerweile nur noch eingeschränkt gilt: »Was isch ein schwäbisches Femfgängemenü? A Roschdbroda ond vier Viertele.« Theodor Heuss bezeichnete das *Viertele* als »Symbol für das Dazugehören«.

Nur den eigenen Wein und insgesamt maximal vier Monate im Jahr dürfen Wengerter *em Bäsa*, in ihren Besenwirtschaften, erkennbar am Besen über dem Eingang, ausschenken. Früher hatte der schwäbische Wein keinen guten Ruf, er galt als *Semsakrebsler*, als saurer Wein, der wild am *Kichesemsa*, am Küchensims, hinaufrankt. Doch längst muss sich der schwäbische Wein nicht mehr verstecken, vor allem der Fellbacher Wein ist vielfach ausgezeichnet worden. Übrigens *schlotzt* man ein Viertele. *Schlotza* heißt normalerweise ›lutschen‹, ein *Schlotzer* ist ein Lutscher. So lautet die schwäbische Version von »Das Leben ist kein Ponyhof« auch »'S Läba isch koin Schlotzer«. Ein *Viertele schlotza* bedeutet dagegen, den Wein genüsslich zu schlürfen, und *Vierteleschlotzer* wird manchmal als Synonym für die Schwaben und Schwäbinnen verwendet, wobei es auch im alemannischen Sprachraum verbreitet ist. Es gilt auch nicht als unfein, das *Viertele* als Schorle zu trinken, besonders im Sommer ist Weißweinschorle sehr beliebt – und es heißt immer *das*, nie *die Schorle*! Ein Schillerwein ist übrigens kein Wein, der nach dem Dichter Friedrich Schiller benannt ist, sondern ein aus weißen und roten Trauben gekelterter, im Glas rosé schillernder Wein.

Schwaben hat aber auch eine jahrhundertealte Biertradition: 1591 werden zum ersten Mal die Bier brauenden Mönche aus dem Kloster St. Luzen bei Hechingen erwähnt, später belieferten diese sogar den württembergischen Hof mit Bier. Heute wird das Bier beispielsweise im Schwarzwald, in Stuttgart und auf der Alb gebraut. Der Cannstatter Wasen ist vor allem ein Bierfest, auch wenn es mittlerweile Enklaven für Weintrinker und -trinkerinnen gibt. Der Liter Bier heißt auf dem Volksfest wie auch in Bayern *Maß*, der halbe Liter wie auch anderswo *Halbe*.

Essen

Grombiera ond Herrgottsbscheißerle

Die schwäbische Küche ist ursprünglich eine deftige, ländliche Armeleuteküche. Die Kartoffel ist dabei eines der wichtigsten Grundnahrungsmittel und nicht nur kulinarisch, sondern auch sprachlich interessant, weil es unzählige Bezeichnungen für die Knolle gibt. Bei uns in Gerlingen sagte man *Äbbiera* (›Erdbirne‹). Laut dem »Sprechenden Sprachatlas« hört man in Bad Boll *Grumbiera* (›Grundbirne‹), in Hagelloch *Grombier*, in Bad Saulgau *Erdäpfel* und in Gomadingen *Eidäpfel*. All diesen Wörtern gemeinsam ist, dass sie sich aus zwei Substantiven zusammensetzen: Das erste Wort beschreibt, dass die Kartoffel in der Erde wächst, das zweite vergleicht sie mit einem Apfel oder einer Birne. 1827 schaffte es das Wort *Krombiera* in die Politik, als der württembergische Landtagsabgeordnete Damian Mosthaf im bitterarmen Württemberg den Bau eines Antikensaals in der Stuttgarter Staatsgalerie angeblich mit den Worten ablehnte: »Mir brauchet koi Konscht, mir brauchet Krombiera!« Auch wenn er historisch nicht belegt ist, wurde dieser Satz zu einem geflügelten Wort.

Aus der Kartoffel macht man Schupfnudeln (wegen ihrer Form auch *Bubaspitzle* genannt), Kartoffelsuppe, Kartoffelkuchen, *saure Kartoffelrädle* mit einer braunen Soße, den berühmten »Gaisburger Marsch« (ein Eintopf aus Spätzle, Kartoffeln und Fleisch) und natürlich den Kartoffelsalat. Der ist ein Grundpfeiler der schwäbischen Küche und gehört als Beilage zu den Maultaschen oder ergänzt den Heiligabendklassiker »Saiten und Kartoffelsalat«. Die gekochten Kartoffeln werden noch warm in Scheiben geschnitten und mit heißer, aber nicht *siedig hoißer* Fleischbrühe übergossen. *Schlonzig* muss er sein! Schwätzen muss er! Das bedeutet, man hört schmatzende Geräusche, wenn man die Zutaten vermengt. Eier, Speck, Gurke, Mayo? Niemals! Nur Öl, Essig, rohe Zwiebeln, Schnittlauch und natürlich Salz und Pfeffer sind erlaubt.

Auch Spätzle sind ein Armeleuteessen, bestehen sie doch nur aus Eiern, Mehl und Salz, und wenn man kann, kauft man sie weder in der Packung, noch drückt man sie durch die *Spätzlespresse*, sondern schabt sie selbst mit einem *Spätzlesbrett* ins kochende Wasser. Heutzutage ist es eine Selbstverständlichkeit, dass zum Klassiker »Linsen und Spätzle« *a Bärle Saida*, also zwei Saitenwürste, serviert wird, aber früher gab es das Gericht ohne das teure Fleisch. Die *Alblaisa* wurden auf der kargen Schwäbischen

Alb angebaut und dienten als Proteinlieferant. Die originalen *Alblaisa*, die lange in Vergessenheit geraten waren, werden seit 1985 wieder kultiviert, nachdem man sie in einer Genbank in St. Petersburg wiederentdeckt hatte. Sie gelten heute als Delikatesse.

Das wichtigste Festtagsgericht aus Fleisch ist der Zwiebelrostbraten, er gehört in der schwäbischen Gastronomie zu den teuersten Gerichten auf der Karte. Wenn das Fleisch zäh ist, würde man das folgendermaßen kommentieren: »Vo dem seim Roschdbroda hosch zwoi Dag Muskelkadr en dr Gosch.« (›… hat man zwei Tage Muskelkater im Kiefer.‹) Serviert wird er mit einer kräftigen Soße, wie überhaupt die Soße ein fundamentaler Bestandteil der schwäbischen (Fleisch-)Küche ist. Auch die *Kuddla* und die *sauren Nierle* kommen nicht ohne sie aus. Wie viele regionale Gerichte, die früher als Armeleuteessen galten, sind auch Kutteln (in Streifen geschnittener Pansen vom Rind oder Schaf) mittlerweile zur Spezialität avanciert und werden sogar in Sternerestaurants serviert.

Kuddla und *saure Nierle* sind sicher nicht für alle etwas. Da hat es die Maultasche leichter, auch deshalb, weil sie auf Speisekarten gerne mit »Swabian Ravioli« übersetzt wird, womit sich auch Touristen und Touristinnen anfreunden können. Um ihre Entstehung ranken sich so viele Mythen wie um die der Brezel, und genauso lässt sich keine dieser Geschichten historisch belegen. Im Kloster Maulbronn findet sich jedenfalls kein Nachweis für die bekannteste Anekdote, nach der die Mönche in der früheren Zisterzienserabtei die *Herrgottsbscheißerle* oder *Gottesbscheißerle* erfanden. Sie wollten angeblich am Freitag verbotenerweise Fleisch essen und versteckten es

NIX WIE FORT,
DOO KOMMT SO
A HERGLAUFENES
HERRGOTTSBSCHEIẞERLE!

deshalb in einer Nudeltasche, damit es der Herrgott nicht sehen konnte. Was sich genau in der Maultasche versteckt, dafür gibt es unzählige Rezepte, klassischerweise ist sie mit Kalbsbrät und Spinat gefüllt und man isst sie entweder in der Brühe, geschmälzt (mit angebratenen Zwiebeln) oder gebraten mit Ei. Eine weitere schwäbische Spezialität ist die *Flädlessupp'* aus *Flädle* (›Pfannkuchen‹), die in Streifen geschnitten werden. *Kräuterflädle* sind eine beliebte Beilage zum Spargel.

Unübertroffen sind die Kuchen der schwäbischen Küche – wegen des vielen einheimischen Obstes sind Obstkuchen zum Sonntagnachmittagskaffee ein fundamentaler Bestandteil der schwäbischen Esskultur. Erdbeeren, Rhabarber, *Träuble* (Johannisbeeren, nicht Trauben, das wären *Drauba*) oder Zwetschgen und Äpfel im Herbst bilden die wichtigste Zutat für einfache Blechkuchen aus Hefe- oder Mürbteig. Der kunstvoll geschlungene Hefezopf oder -kranz (mit oder ohne Rosinen, auf Schwäbisch *Zibeba*) fehlt bei keinem Dorffest und man darf ihn auch *eidonga* (›eintunken‹). Lustigerweise gibt es in der Nähe von Göppingen zwei Orte, die gerade mal sechs Kilometer auseinanderliegen und *Süßen* und *Kuchen* heißen, in Heidenheim gibt es die Stadtteile *Klein-* und *Großkuchen*. Zu den süßen Leckereien gehört auch das *Schäumle*, das anderswo Baiser oder Meringue heißt und aus aufgeschäumtem Zucker und Eiweiß besteht. Zum Abschluss für alle *Reigschmeckten* noch ein Übungssatz: »Heit glüschdet's mi noch siaße Stickle.« (›Heute gelüstet es mich nach süßen Stückchen.‹) Aber Achtung: Wer *zum Stickle* geht, geht in seinen Schrebergarten.

Falsche Freunde

Heb mol!

Eine Frau aus Norddeutschland erzählte mir einmal, sie habe sich, kurz nachdem sie nach Stuttgart gezogen war, bei einer Hebamme zum Geburtsvorbereitungskurs angemeldet. Diese habe mit großer Selbstverständlichkeit zu ihr gesagt: »Ond brengad se au an Debbich mit!« Die Frau war ein wenig ratlos. Sollte sie etwa den Teppich im Wohnzimmer aufrollen und mitbringen? Sie war noch nicht lange genug in Schwaben, um zu wissen, dass *Debbich* zwar wie im Hochdeutschen ›Teppich‹ bedeuten kann, in diesem Fall aber eine ›Wolldecke‹ gemeint war. Vielleicht war die Frau auch in ein Mietshaus gezogen, in dem das Fegen der *Bühne* zu den Pflichten bei der großen Kehrwoche gehört – in Schwaben handelt es sich dabei um den Dachboden. Falsche Freunde, also Wörter und Redewendungen, die in der Standardsprache eine andere Bedeutung haben als im Dialekt, können ziemliche Verwirrung auslösen, und davon gibt es im Schwäbischen eine ganze Menge. Hoffen wir, dass dieses Kapitel allen *Reigschmeckten* das Leben etwas erleichtert!

Neben dem *Debbich* gehören die *Fiaß* zu den bekanntesten falschen Freunden. Der Fuß setzt im schwäbischen Sprachraum nämlich an der Hüfte an und geht bis zum kleinen Zeh. *Bein* oder *Beine* ist nicht gebräuchlich. Dieser falsche Freund findet sich auch in Bayern und Österreich. Verwirrung stiften kann auch das Wort *Gschmäckle*. Wenn etwas *a Gschmäckle* hat, dann hat das nichts mit gutem Geschmack zu tun, sondern entspricht der hochdeutschen

Redewendung »Das ist nicht ganz koscher«. Ein Fahrrad ist ein *Rädle*, aber wenn Kinder in der Metzgerei gefragt werden: »Willsch a Rädle Wurschd?«, dann geht es um eine Scheibe Lyoner. Vorsicht ist auch geboten, wenn die fleißigen Schwaben und Schwäbinnen etwas *mit Fleiß* tun. Sie tun es dann nicht mit besonderem Arbeitseifer, sondern mit Absicht!

Sprechen wir nun über Verben, die für Verwirrung sorgen. Wenn man neben einem Pferd steht und der Besitzer oder die Besitzerin sagt: »Heb mol!«, dann meint er oder sie damit nicht, man solle das Pferd hochheben, sondern es festhalten. Ist tatsächlich die standardsprachliche Bedeutung gemeint, also ›etwas in die Höhe bewegen‹, dann würde man *hochheba* sagen, um es von *heben* im Sinne von ›halten‹ zu unterscheiden. »Des hebt no a Weile« bedeutet wiederum: ›Das hält noch eine Weile‹, ein im Schwäbischen fundamentaler Satz! *Verheba* bedeutet ›etwas unterdrücken‹ und wenn jemand aufgefordert wird, etwas zu *verheba*, dann soll er oder sie etwas für sich behalten. *Sich verheba* bedeutet wiederum ›sich beim Heben den Rücken verletzen‹. Das Verb *schwätzen* schließlich kann negativ gemeint sein (»Schwätzad net so viel!«), ist aber normalerweise einfach ein Synonym für *sprechen*.

Wenn Sie mit einer Bekannten auf dem Weg zur S-Bahn sind und sie plötzlich schreit: »Sau!«, dann will sie Sie nicht beschimpfen, sondern sie fordert Sie auf, schnell zu rennen, da die Zeit knapp wird (s. Kap. »Fortbewegung«). Aber Achtung, *zwoi Saua* sind zwei Schweine, denn das Schwein, egal ob männlich oder weiblich, heißt auf Schwäbisch immer *Sau*. *Gschirra* wiederum hat nichts mit *Geschirr* zu tun. »Ihr missad halt mitanandr gschirra«

bedeutet: ›Ihr müsst eben miteinander klarkommen.‹ Das bekannteste schwäbische Verb ist sicher *schaffa*, was nichts mit *erschaffen* zu tun hat, sondern schlicht und ergreifend ›(hart!) arbeiten‹ bedeutet, und wer *ens Gschäft* geht, geht ganz allgemein zur Arbeit, nicht in einen Laden. Spätzle werden *geschabt*, aber wenn *oin ebbes schabt*, dann ärgert man sich über etwas. Etwas *noobrenga* bedeutet wiederum nicht, etwas irgendwo hinzubringen, sondern dass etwas gelingt: »Des hosch gut noobrocht!« (›Das hast du gut hingekriegt!‹)

Das Adjektiv *daub* bedeutet wörtlich ›taub, gehörlos‹, wird aber meist mit einem Substantiv benutzt und bedeutet dann ›dumm‹, zum Beispiel *a daube Henne* oder *a daube Nuss*. Aus meiner Kindheit ist mir im Ohr, dass man etwas *em dauba Diecht* macht, also ›gedanklich abwesend‹. In »Gang net leer en d'Kich!« bedeutet *leer*, man soll nicht in die Küche gehen, ohne dreckiges Geschirr mitzunehmen. *An gscheidr Roschdbroda* wiederum ist kein intelligenter Rostbraten, sondern ein gut zubereitetes Stück Fleisch in einer ordentlichen Größe. Wenn jemand *verdruckt* ist, dann ist er oder sie verklemmt, und wenn etwas *glatt* oder *sauglatt* ist, dann ist es lustig. Wer *am hellichde Samschdich feschde am Wandra* ist, ist mitten am Samstag *fest*, also ›besonders engagiert‹, auf einer Wandertour.

Zum Abschluss noch zwei Adverbien, die beim Einkaufen für Ratlosigkeit sorgen können. Wenn der Obsthändler oder die Obsthändlerin auf dem Markt *elf Eiro gradaus* in Rechnung stellt, dann bedeutet das ›exakt elf Euro‹, und wenn er oder sie einem zu den acht Äpfeln noch *oin drei* gibt, dann kriegt man noch einen obendrein, also ›umsonst‹ – ja, das kommt vor!

Brengad se an Debbich mit

Fasnet

Durchs Schwarze Tor ond da Bach na

Die schwäbische *Fasnet*, also die Fastnacht, bildet mit der alemannischen eine kulturelle Einheit und wurde als »schwäbisch-alemannische Fastnacht« 2014 in die Liste des immateriellen Kulturerbes der UNESCO aufgenommen. Sie folgt strengen Regeln und Ritualen und hat mit dem rheinischen Karneval nur wenig gemein. Auftakt ist der Dreikönigstag, wenn die Fastnachtskleidung feierlich vom Staub befreit wird. An der Fasnet selbst finden vor allem Straßenumzüge statt, an denen nur die Mitglieder der Narrenzünfte teilnehmen dürfen (zuschauen dürfen natürlich alle!). Die Narren und Närrinnen, die mancherorts auch als *Mäschgerle* bezeichnet werden, tragen *Larven*, also Masken im Gesicht, die manchmal schon fast Furcht einflößend wirken, und ein traditionelles *Narrehäs*, die Narrenkleidung. In Rottweil sagt man zum *Häs Kleidle*. Das Wort *Häs* als allgemeine Bezeichnung für Kleidung (*Sonndagshäs*, *Werkdagshäs*) hat sich ziemlich verloren. Was das Wort *Narr* betrifft, so kann man – wie auch im Hochdeutschen – auf Schwäbisch jemanden *zom Narra halda*. *Narret werda* heißt dagegen ›böse werden‹, während man »Noo nix narrets!« mit ›Bloß keinen Stress!‹ übersetzen könnte.

Die berühmteste Fasnet ist der Rottweiler Narrensprung. Am Rosenmontag, Schlag acht Uhr, strömen die Narren und Närrinnen zum ersten Mal mit lautem *Huhuhu* durch das Schwarze Tor der ehemaligen Reichsstadt, wo Tausende die Straße säumen. Jeder Ort hat seine eigenen Narrenfiguren: In Rottweil gibt es zum Beispiel den

Federahannes, der den Teufel verkörpert, das *Gschell*, das mit Schellen behängt ist, oder den *Guller*, der auf einem Hahn reitet – auf Schwäbisch ist ein Hahn ein *Gockel*, *Gockeler* oder *Guller*. Weitere Hochburgen der Fasnet sind Rottenburg, Weil der Stadt und Schramberg, wo die Teilnehmenden bei der *Da-Bach-Na*-Fahrt in geschmückten Holzzubern die Schiltach hinunterfahren. Das Publikum muss auf die Schlachtrufe der Zuberfahrer und -fahrerinnen antworten – wenn diese beispielsweise *batsch* rufen, lautet das Echo der Zuschauer *nass* (›patschnass‹). Beim traditionellen Froschkuttelessen am Fastnachtsdienstag in Riedlingen werden keine Frösche verzehrt, sondern Innereien vom Rind – eine Tradition, die bis heute allein den Männern vorbehalten ist. Ansonsten gehört zur Fasnet in ganz Schwaben kulinarisch das traditionelle schwäbische *Fasnetskiachle*, ein in Fett ausgebackener Krapfen ohne Füllung.

Stuttgart hat eigentlich keine Fastnachtstradition, wohl aber der bis 1905 eigenständige Ortsteil Bad Cannstatt. Hier begehen die *Kübler* (ursprünglich die Fasshersteller für den Wein) den *Kübelesmarkt*, dessen Höhepunkt gleich zu Beginn der Fasnet ist, am *Schmotzige Donnerschdag*. Beim *Kübelesrennen* müssen die Mannschaften in Nachthemd und Zipfelmütze mit Kübeln, in denen oft die Lokalprominenz sitzt, einen Hindernisparcours absolvieren. Noch ein Wort zum *Schmotzigen*, wie der *Schmotzige Donnerschdag* oder *Dunschdich* oft abgekürzt wird. Wie überall feiern auch in Schwaben die Frauen am Donnerstag die *Weiberfasnet*. *Schmotzig* bedeutet jedoch nicht etwa ›schmutzig‹, sondern ›fettig‹. Traditionell wurden vor der Fastenzeit alle fettigen Lebensmittel verbacken. Das Verb *schmotza*

Dr Guller

bedeutet ›schmieren, einfetten‹ und man kann beispielsweise ein Butterbrot *schmotza* oder die Haut mit Sonnencreme *eischmotza*.

Nichts mit der Fasnet zu tun hat der Ulmer »Schwörmontag«, der immer am vorletzten Montag im Juli begangen wird. In einer schon auf das Jahr 1397 zurückgehenden Tradition tritt der Oberbürgermeister auf den Balkon des Schwörhauses, legt Rechenschaft vor den Bürgerinnen und Bürgern ab und leistet am Ende der Rede den Eid auf die Stadtverfassung. Am Nachmittag des »Schwörmontags« findet auf der Donau das *Nabada* statt, also das ›Hinunterbaden‹, die Ulmer Variante des Rosenmontagszuges. Dabei fahren Themenboote auf einer sieben Kilometer langen Strecke und karikieren das politische Geschehen auf lokaler und internationaler Ebene.

Fortbewegung

Laufa, saua oder sprenga?

»Was rennsch denn so? 'S langt doch, wenn mir schnell laufad!«, hörte ich eine ältere Dame zu einer anderen sagen, als die beiden spätabends die Treppen der Stuttgarter Oper hinunterkletterten und dann in Richtung Hauptbahnhof hasteten. Diese Aussage illustriert sehr schön, wie man im Schwäbischen das Verb *laufen* benutzt. Im Hochdeutschen impliziert *laufen* bereits, dass man sich in schnellerem Tempo bewegt, während im Schwäbischen *laufa* einfach bedeutet, dass man zu Fuß geht, und das kann schnell oder langsam sein. *Gehen* bezeichnet hingegen nur den Aufbruch und nicht die eigentliche Fortbewegung, wie in »Ganga mr hoim?« (›Sollen wir heimgehen?‹). Dazu passt auch der schöne schwäbische (Wort-)Witz: »Kommad, mir gangad, se kommad!«, also in etwa: ›Lasst uns schnell verschwinden, bevor sie auftauchen!‹ *Renna* wäre dann wie im Beispiel ganz oben schneller als *laufa* und stattdessen hätte die Dame auch *saua* sagen können, was nichts mit dem Schwein zu tun hat. Eine Lehrerin, die auf der Schwäbischen Alb unterrichtete, erzählte mir einmal, bei den Bundesjugendspielen hätte ihr ein Schüler folgende Frage gestellt: »Beim Keia ond Saua war i scho, mo goht's jetzt zom Jucka?« Damit meinte er natürlich die drei Disziplinen Werfen, Rennen und Weitsprung.

Von der Geschwindigkeit her zwischen *laufa* und *saua* bzw. *renna* liegt *sprenga*, also ›springen‹. Aber Vorsicht, wer *d'ganz Nachd sprenga muass*, hat mit Durchfall zu kämpfen. »Dapfer, spreng!«, pflegte meine Mutter zu sagen, wenn ich zu spät dran war für die Schule. *Dapfer*, also ›tapfer‹, verstärkt die Dringlichkeit. Sie hätte stattdessen auch sagen können: »Mach noore!«, was ›Beeil dich!‹ entspricht. Das Gegenteil von »Mach noore!« ist: »Noo net hudla!« Das ist der Inbegriff schwäbischer Behäbigkeit und bedeutet: ›Bloß keinen Stress!‹ Ursprünglich ist *hudla* ›etwas schnell oder schlampig machen‹ und entsprechend ist eine *Hudelei* eine schlampige Arbeit. Früher benutzte man übrigens einen *Hudelwisch* im öffentlichen *Backhäusle*, um den Backofen nach dem Anfeuern und vor dem Backen zu reinigen. Dabei mussten sich die Frauen beeilen, damit der Lumpen nicht verbrannte, sie mussten also *hudla*.

Wer beim Gehen auf seinem eigenen Tempo besteht, sagt: »I han scho mei Dapp« und *dappt* dabei hoffentlich niemandem auf *d'Fiaß*.

Sprenga, saua, renna? Egal, mit welcher Geschwindigkeit, die Schwaben und Schwäbinnen bewegen sich eifrig aus dem *Ländle* hinaus in die Welt. Nach den Bayern und Bayerinnen gibt man in Baden-Württemberg im

Saua

gesamtdeutschen Schnitt am meisten Geld für Urlaub aus. Und wenn Sie gerade in einer winzigen Taverne auf einer unbekannten griechischen Insel sitzen und der felsenfesten Überzeugung sind, es handele sich um einen absoluten Geheimtipp, geht garantiert die Tür auf und jemand ruft strahlend: »Guckamol, doo isch no a Blätzle frei!«

Füllwörter

Ha no, ha wa, ha noi?

Es gibt im Schwäbischen zahlreiche kleine Wörter und Phrasen, die zwar am Inhalt eines Gesprächs nichts ändern, die aber zwischenmenschliche Funktionen erfüllen und daher von großer Bedeutung sind; so wird beispielsweise vermittelt, dass man zuhört, oder es wird die eigene Meinung zum Gesagten ausgedrückt. Wenn Sie gerne authentisches Schwäbisch sprechen möchten, sollten Sie diese Ausdrücke unbedingt in Ihren Sprachgebrauch integrieren! Die unscheinbaren Lückenfüller können nämlich einen großen Unterschied machen. Sie korrekt zu nutzen, ist zugegebenermaßen nicht so einfach. Die leichteste Übung: Wenn Sie etwas auf Schwäbisch erzählt bekommen, lassen Sie ab und zu ein entspannt-interessiertes *awa*, *ha wa*, *ha wie*, *ha no* oder *ha noi* fallen. Das ließe sich mit ›Sag bloß!‹ oder ›Nein, wirklich?‹ übersetzen, kommt aber beiläufiger daher und passt deshalb hervorragend zum schwäbischen Understatement. Insbesondere *ha noi* klingt beinahe wie Chinesisch, was schwäbische Dichter wie Helmut Pfisterer zu Mundartgedichten inspiriert hat, die sich wie Chinesisch lesen; Gerhard Raff nannte es gar »Chinäbisch«.

Ebenfalls immer passend: ein geschnaubtes *ha*, das je nach Tonlage als Ausdruck des Erstaunens oder der Verachtung (jeweils kombiniert mit einem Kopfschütteln), der Zustimmung oder der Frage (dann geht die Stimme nach oben) gewertet werden kann. Die fortgeschrittene Variante: In die Sprechpausen des Gegenübers zwischendurch Einwürfe wie »So isch's noo au wieder!«, »Sag blooß!« (mit sehr langem *o*), »Ha, scho!«, »Ha, jetzt aber!«, »Ha, sag amol!«, »Ha, so ebbes!« (›So etwas!‹), »Isch jetz net wohr!«, »Sabberlot!«, »Des kohsch kaum glauba!«, »Obacha!« (›Unglaublich!‹), »Heidenei!« oder »Scho klar!« einzubauen. *Heidenei* leitet sich tatsächlich von *Heide* (›Ungläubiger‹) ab, was auch in anderen Zusammenhängen der Verstärkung dient: *Heideblitz* (ein Fluch), *Heidekerle* (›toller Typ‹), *Heidespaß* (›großer Spaß‹). *Scho* heißt zwar ›schon‹, wird aber auch in quasi unübersetzbaren Kombinationen verwendet. Ich habe beispielsweise einmal folgenden Dialog von zwei älteren Frauen belauscht: »Au scho onderwägs?« – »Scho isch nemme!« (›Schon ist nicht mehr!‹)

Wenn Sie selbst etwas erzählen, sollten Sie regelmäßig die beliebten Wörter *gell*, *halt* und *fai* benutzen, um Ihre Schwäbischkenntnisse zu demonstrieren. *Gell* fordert Zustimmung oder Rückmeldung des Gegenübers ein: »Gell, du bisch no koine dreißig?« (›Du bist noch nicht dreißig, nicht wahr?‹) *Halt* könnte man mit ›nun einmal‹ übersetzen, beispielsweise in diesem uralten Witz, der den

Vo Schwäbisch werd i net satt!

schwäbischen Geiz illustriert: Ein Bettler klopft an eine Tür und als ihm geöffnet wird, sagt er: »I han scho drei Dag nix gässa!« (›Ich habe schon drei Tage nichts gegessen!‹), worauf er die lapidare Antwort erhält: »Noo muasch di halt zwenga.« (›Dann musst du dich halt zwingen.‹) Schwierig zu übersetzen ist das Wörtchen *fai*. Es kommt auch im Bairischen und Fränkischen vor und dient der Verstärkung oder Erläuterung, wie etwa in: »Dei Kloid hot au scho bessre Zeida gsäh.« (›Dein Kleid hat auch schon bessere Zeiten gesehen.‹) – »Du, des isch fai deier gwä!«, also in etwa: ›Nur dass du's weißt, das Kleid mag nicht mehr schön sein, aber es war mal richtig teuer!‹

Gosch

Schwäbische Anatomie

Schwaben und Schwäbinnen gelten als »maulfaul« und machen den Mund nur so weit auf wie unbedingt nötig. Das Mundwerk ist das *Maul* oder die *Gosch*. Wenn aus der ein Haufen Unsinn herauskommt, lautstark im Ton, grob in der Wortwahl, dann hat der oder die Sprechende eine *große*, *bleede* (›blöde‹) oder *freche Gosch*. Wenn man sich den Unsinn nicht länger anhören will, dann sagt man ungehalten: »Halt dei Gosch!« Weitverbreitet ist der Spruch: »Halt dei Gosch, i schaff beim Bosch.« Um dem etwas entgegenzusetzen, gibt es auch die Weiterführung: »Hettsch dei Gosch ghalda, no hett dich dr Bosch bhalda.« Wer sehr viel schwätzt, hat eine *Babbelgosch*, *Schlabbergosch*, *Schwertgosch* oder *Waschgosch* (altertümlich).

Zur *Gosch* gibt es auch die Verben *agoscha* oder *romgoscha* (beide ›schimpfen‹). Wie immer im Schwäbischen können wir das Wort ganz einfach in ein nettes umwandeln, indem wir den Diminutiv benutzen – ruck, zuck wird so aus der *Gosch* ein *Göschle*. Zum Beispiel kann man einem Kind, das einen verschmierten Mund hat, liebevoll *'s dreckige Göschle* abwischen. Ministerpräsident Kretschmann warb im Zuge der steigenden Lebenshaltungskosten für den guten alten Waschlappen zur Körperreinigung. Davon besaß man früher zwei Exemplare, auf dem einen stand »Fürs Göschle«, auf dem anderen »Fürs Ärschle«. Letzteres kann auch *dr Bobbes*, *dr Hendra* oder auch *'s Fiedle* (bei Fischer und Taigel *Füdle*) heißen. Wer häufigen Harndrang verspürt, hat übrigens ein *Konfirmandebläsle*.

Die wichtigste Besonderheit der schwäbischen Anatomie ist natürlich, dass es nur Füße (*Fiaß*) gibt und keine Beine! Interessanterweise gibt es einen analogen Fall für die Hand, die in der Bedeutung von ›Arm‹ benutzt wird, und zwar südlich von Illertissen-Krumbach (Klausmann 2014, S. 145). Der Kopf ist der *Riebl*, wer einen großen Kopf hat, hat einen *Mordsriebl*. Außerdem gibt es den *Meggl*, den *Nischl* oder den *Grind*. *Häuptle* von *Häuptlein* bezieht sich dagegen auf den Kopfsalat. Die Nase ist der *Rüssl*, *Rüssl* kann aber auch der Mund sein. Wer schlecht gelaunt ist, hängt *de Rüssl nah* oder auch *d'Flätsch* (entspricht der *Gosch*). Nur noch die Älteren kennen die kaum mehr bekannte Umschreibung *Bahnwärterstäffele* für ›abstehende Ohren‹. Die Finger heißen auf Schwäbisch *Griffel*.

HENG DEIN RÜSSL NET EN D'SUPP!

Ein *Ranza* ist ein Schulranzen, aber auch ein dicker Bauch. Man kann jemandem den *Ranza verschlaga* (›verprügeln‹) oder den *Buckl nonderrutscha*. Zum Bauch passt der schöne Spruch: »Liabr an Ranza vom Essa als an Buckl vom Schaffa.« Hier wird *Buckl* im Sinne von ›bucklig‹ gebraucht wie in der Standardsprache, normalerweise ist *Buckl* aber einfach ein Synonym zu *Rücken*. Wer Rückenschmerzen hat, dem *dud dr Buckl/'s Kreiz weh*. Das bringt uns zum Thema Gesundheit: Glücklich schätzen kann sich, wer eine *gude Kuddl* hat, denn er oder sie weist eine gute Konstitution auf. Die Kutteln sind vor allem bekannt als die Innereien von Nutztieren, die als kulinarische Spezialität aufgetischt werden. In diesem Zusammenhang ist aber der menschliche Bauch gemeint. Wer dagegen körperliche Beschwerden hat, *kommt schlecht drher* und hat *Malär*, was vom französischen *malheur* kommt. Ist es nicht so schlimm, dann ist es nur ein *Wehwehle* (mit Betonung auf dem zweiten *e*).

Grammatik

Gefühle, wo man schwer beschreiben kann

In diesem Kapitel geht es um grammatikalische Phänomene und Strukturen des Schwäbischen, die so verbreitet sind, dass sie oft auch in die geschriebene Sprache eingehen, weil sie von den Schreibenden gar nicht als Dialekt erkannt werden.

Substantive und Adjektive

Ein großes Thema der »maulfaulen« Schwaben und Schwäbinnen ist das verbreitete Weglassen der Endsilben, auch Elision genannt. Bei Substantiven im Singular wird das auslautende *-e* fast grundsätzlich weggekürzt. So wird aus *Woche*, *Kanne*, *Sonne* dann *Woch*, *Kann*, *Sonn*. Auslautendes *-en* wird hingegen zu *-a*: *Regen*, *Kuchen* wird zu *Rega*, *Kucha*. Auch bei der Pluralbildung setzt man auf Sparsamkeit: Singular und Plural weisen oft dieselbe Form auf, wenn der Plural standardsprachlich auf *-e* oder *-s* gebildet würde. So ist ein Pferd nicht zu unterscheiden von zwei Pferden: »Der hot oi Pferd em Stall / zwoi Pferd em Stall.« Auch Pluralformen auf *-en* werden zu *-a*: *Fraua* statt *Frauen*. Besonders auf der Schwäbischen Alb hört man auch den Plural *-er* statt *-e*, so sagt man dort *Stoiner* für *Steine* oder *Boiner* für *Beine*. Manchmal werden im Schwäbischen Umlaute eingefügt, die in der Standardsprache nicht vorkommen. Das lässt sich schön an der Pluralbildung beobachten, so wird aus *Kragen Kräga*, aus *Wagen Wäga* und aus *Tagen Däg*. Ähnlich verhält es sich bei der Steigerung mancher Adjektive: »Kommsch a bissle bälder?« oder: »Dei Sohn war der brävschde vo älle.« Im schwäbischen Sprachraum benutzt man für den Komparativ übrigens meist *wie* statt *als*: »I ben jönger wie du.«

Verben

Verben sind im Schwäbischen ein komplexes Thema. Die Infinitive von Verben enden grundsätzlich auf *-a*, so wird aus *essen essa*, aus *schlafen* wird *schlofa*. Bei Infinitivkonstruktionen wird aus dem hochdeutschen *zu zom*: »Her uff zom blärra!« (›Hör auf zu heulen!‹) Das passiert auch, wenn *zu* innerhalb eines Verbs steht: »I ben no net drzua komma weiterzomläsa.« Die Verbformen des Plurals im Präsens werden alle gleich gebildet: *wir arbeiten – ihr arbeitet – sie arbeiten* wird zu *mir schaffat – ihr schaffat – sie schaffat*. Auch manche Imperativformen weisen Besonderheiten auf. Auf Hochdeutsch sagt man »Iss deinen Teller leer!«, auf Schwäbisch bleibt der Stammvokal aus dem Infinitiv erhalten: »Ess dein Deller leer!« In Fragesätzen in der 2. Person Singular werden das Personalpronomen und das Verb zusammengezogen. Zusätzlich wird dabei aus der Endung *-st* ein *-sch(d)* (s. Kap. »Lenisierung«). So wird aus »Was meinst du?« »Was moinsch?«, aus »Was machst du?« »Was machsch?«. Man hört dabei sowohl *kannsch* als auch *kannschd*. Zusammengezogen wird auch *das ist*, so verkürzt sich »Das ist ein Glas Marmelade« zu »Desch a Gsälz«.

Die Präteritumformen des Verbs sind vom Totalausfall betroffen. Egal, wie lange das Geschehen in der Vergangenheit liegt, niemand, der Schwäbisch schwätzt, wird jemals sagen: »Gestern ging ich einkaufen.« Stattdessen wird grundsätzlich das Perfekt benutzt: »Geschdern ben i eikaufa ganga.« Aus *einkaufen gewesen* würde dann übrigens *eikaufa gwä*. Bei Verben der Ruhe folgt das Schwäbische, wie auch andere süddeutsche Dialekte, einem eigenen System und bildet das Perfekt mit *sein* statt *haben*. Auf Schwäbisch heißt es also »Er isch gsässa/gschdanda« und nicht »Er hat gesessen/gestanden«. Die Sonne hat außerdem gestern nicht *geschienen*, sondern *gscheint*. Ebenso weicht das Perfekt von *schimpfen* von der Standardsprache ab, dazu sagt man auf Schwäbisch *gschompfa* statt *geschimpft*.

Dabei wird die Vorsilbe *ge-*, die das Verb im Perfekt kennzeichnet, meist auf *g-* verkürzt, sodass aus »Ich habe gelesen« dann »I han gläsa« wird oder aus »Ich habe gegessen« »I han gässa«. Die Vorsilbe *ge-* wird gelegentlich auch ganz weggelassen, aus *gedacht* wird *denkt*, aus *geträumt* wird *draimt*. »Ich habe einen Kuchen gebacken« wird zu »I han an Kucha bacha«. Ein weiteres sprachliches Phänomen, das bei Verben zu beobachten ist: Aus den hochdeutschen Vorsilben *zer-* und *er-* wird *ver-*. So sagt man beispielsweise: »I ben schier verfrora« (›Ich bin beinahe erfroren‹), »I ben dodal verkältet« (›Ich bin total erkältet‹) oder »Mir hot dr Räga d'Rosa verhaua« (›Der Regen hat mir die Rosen zerhauen‹). Manchmal wird außerdem der Umlaut in Verbformen unterschlagen: »Die Wäschmaschee lauft ond lauft«, »Bass uff, dass du net nonderfallsch«, »Fahrsch mitem Audo?«, »Schlupf amol en den Kittel nei!«. Schließlich kann man eine Verneinung verdoppeln, um ihr Nachdruck zu verleihen: »I ben no nia net en Hamburg gwä.«

Pronomen

Der Genitiv ist im Schwäbischen quasi nicht existent und wird meist durch den Dativ ersetzt. »Der Bauernhof meines Großvaters« wäre auf Schwäbisch »Der Baurahof vo meim Großvaddr« oder »Meim Großvaddr sei Baurahof«. Nicht unüblich sind auch Formulierungen wie: »Hosch du mir an Eiro für die Parkuhr?« Die meisten Schwäbischsprechenden kommen vermutlich nicht auf die Idee, dass dieser Gebrauch des Pronomens im Dativ anstelle einer Präposition mit dem Akkusativ (*für mich*) von der Standardsprache abweicht. Weitere Formulierungen mit dem Dativ sind: »Sie hot mir oglitta« (›Sie hat mich angerufen‹), »Mir hot's draimt« (›Ich habe geträumt‹), »Mir hot's denkt« (›Ich habe [mir] gedacht‹) – sie klingen in schwäbischen Ohren völlig normal. Man sagt auch *jemand ebbes lerna* zu ›jemandem etwas beibringen‹.

Ganz wichtig ist, dass im Schwäbischen das Personalpronomen *ich* grundsätzlich zu *i* verkürzt wird, statt *wir* wird *mir* oder *mr* verwendet. Statt der Demonstrativpronomen *jener*, *jene*, *jenes*, die im Hochdeutschen eher in der geschriebenen Sprache anzutreffen sind, bedient sich das Schwäbische der schönen Wörter *säller*, *sälle*, *säll* (*säller Stuhl*, *sälle Lamp*). Das einzige Relativpronomen im Schwäbischen ist hingegen *wo*: »I han an Freind, wo an Pool em Garda hot.« Vor allem im zentralen Schwaben kann *wo* auch zu *mo* werden. *Welcher, welche, welches?* In schwäbischen Ohren klingt das viel zu gestelzt. Diese grammatikalische Besonderheit wurde auch außerhalb Schwabens berühmt – durch den in Göppingen und Stuttgart aufgewachsenen Fußballer und späteren Bundestrainer Jürgen Klinsmann, der 1996 nach dem Gewinn der Fußball-EM verlauten ließ: »Das sind Gefühle, wo man schwer beschreiben kann.« Zur Fußball-WM 2006 legte der Radiosender SWR3 Klinsmann dann »Mir sen die, wo gwenna wellad« in den Mund, der Spruch erlangte Kultstatus. Soll niemand behaupten, die Schwaben und Schwäbinnen können nicht über sich selbst lachen. *Der, die, das* als Relativpronomen kommen zwar vor, aber nur in Kombination mit *wo*: »Guck amole, des isch dr Dschowanni, der wo die Pizzeria hot.«

MIR SEN DIE WO GWENNA WELLAD

Gsälz

Aus Breschdling, Träuble oder Hengale

Das Wort *Gsälz* gehört zum schwäbischen Grundwortschatz. Ein *Gsälzbrot*, also ein Marmeladenbrot, ist ein beliebtes Frühstück oder ein Imbiss für Kinder am Nachmittag. Eine ordentliche schwäbische Hausfrau würde

niemals industriell gefertigtes *Gsälz* im Laden einkaufen, sondern es immer aus heimischen Früchten selbst machen, zum Beispiel *Breschdlingsgsälz* (›Erdbeermarmelade‹), *Träublesgsälz* (›Johannisbeermarmelade‹), *Hengalesgsälz* (›Himbeermarmelade‹), *Holdergsälz* (›Holundermarmelade‹) oder *Quiddagsälz* (›Quittengelee‹). Sehr beliebt ist auch das *Hägamark* (›Hagebuttenmarmelade‹). Wenn *Gsälz Bleamla kriagt* (›Blümchen bekommt‹), bedeutet das, dass die Marmelade verschimmelt ist. Heute wird *Gsälz* mit Gelierzucker hergestellt, aber früher nahm man statt kostbarem Zucker Salz zur Haltbarmachung, daher der Name. Jemand, der gern *Gsälzbrot* isst, ist ein *Gsälzbär*, und das *Gsälz* findet sich auch in einer Redewendung wieder: »Die sen so aushausich (›verschwenderisch‹), die den sogar Buddr onders Gsälz.« *Gsälz* ist zwar die am weitesten verbreitete Bezeichnung für die Marmelade, aber im »Sprechenden Sprachatlas« finden sich noch weitere Varianten: Im Nordwesten des Sprachgebiets heißt sie *Mus*, im Westen *Schlecksel* oder *Gschleck*, im Süden *Eingemachtes* und im Nordosten *Streiche*.

Guck

Die Tüte stiftet Verwirrung

Die *Guck* ist eine schlichte Tüte, ursprünglich aus Papier, heute aus Papier oder Plastik, immer im Zusammenhang mit dem Einkaufen. Wohl wenige schwäbische Wörter verursachen so viel Verwirrung wie dieses: Eine Bekannte von mir aus Frankreich, die Deutsch sprach, aber kein Schwäbisch, wurde in einem Laden von der Verkäuferin gefragt, ob sie gerne *a Guck* hätte. Darauf antwortete sie: »Ich weiß nicht, was das ist, aber ich hätte gerne eine Tüte.« Eine Schwäbin hingegen erzählte mir, sie habe in Hamburg in einer Bäckerei gefragt, ob sie *a Guck* haben könne. Als die Bäckerin sie verwirrt ansah, korrigierte sie sich und sagte in ihrem besten Hochdeutsch: »Ich hätte gerne eine Gucke.«

Noch mehr Verwirrung stiftet, dass im Norden und in der Mitte des schwäbischen Sprachraums *gucka* ›schauen‹ bedeutet – im Süden sagt man *luga* und im Osten *schaua* (Klausmann 2014, S. 143). *Guck* kann also neben der Tüte auch der Imperativ von *gucken* sein. *Gucke* wiederum kann auch der Gesichtsausdruck sein – bei Fischer und Taigel findet sich die Wendung *eine finstere Gucke machen*. Sie nennen auch *Gucker* in zwei Bedeutungen, als Variante von der Tüte und als ›jemand, der guckt‹. Als Diminutiv habe ich schon *Gückle*, *Gickele* und *Gickle* gehört. Und damit nicht genug: *Gückla* kann auch ›verstohlen blicken‹ bedeuten. Nichts zu tun hat die *Guck* mit dem *Guckeler*, das ist ein Gockel, oder dem *Guckelesdag*, der wie der *Bembemberlesdag* dem Sankt-Nimmerleins-Tag entspricht. »Heidaguggugg!« ist schließlich ein Ausruf des Erstaunens oder der Empörung.

Vermutlich ist *Guck* ein Lehnwort aus dem Lateinischen oder Französischen. Das lateinische *cucullus*, im Deutschen eine *Kukulle*, bezeichnete die kapuzenartige Kopfbedeckung von Mönchen, deren Form einer Tüte ähnelt. Auch die *Gugel* war ein kapuzenähnliches Kleidungsstück

BÄCKEREI

im Mittelalter, in der schwäbisch-alemannischen Fastnacht bezeichnet sie noch heute eine Narrenkappe, so wie auch die *Guggamusik* Teil der *Fasnet* ist. Eine weitere mögliche Quelle für das Wort ist das französische *coque* mit der Bedeutung ›Schale‹. *Guck, Gucke, Gucker, gucka, gückla?* Niemand hat behauptet, dass Schwäbisch ein einfacher Dialekt ist – vor allem für *Reigschmeckte*!

Heilig's Blechle!

Was in Schwaben heilig ist

Im Spanischen gibt es den schönen Ausdruck *aparcar de oído*, was bedeutet, nach Gehör einzuparken. Was in Spanien (nur) als Kavaliersdelikt gilt, kann in Schwaben schwerwiegende Konflikte auslösen. Nein, beim Auto versteht man keinen Spaß! Es ist ein Statussymbol vor allem der mittleren und älteren Generation, es ist Teil der Identität, und nicht nur das, es ist geradezu heilig. In den Zeiten, als man Heckklappen noch mit Aufklebern versah, waren viele Autos mit dem *Bäbbr* »Fahr nicht auf mein Heilix Blechle!« geschmückt. Darauf ist ein Mann zu sehen, der zwar freundlich lächelt, dessen übergroße, abwehrende Hände aber ganz klar signalisieren: Bis hierher und nicht weiter! Im Jahr 1980 landete der schwäbische Liedermacher Wolle Kriwanek denn auch einen Hit mit dem »PS-Walzer«: »I fahr Daimler, d'Stroß ghert mir …«

FAHR NICHT AUF
MEIN
HEILIX BLECHLE!
S AUA

Es ist nicht verwunderlich, dass das Auto in der Heimat von Gottlieb Daimler einen hohen Stellenwert hat. Der in Schorndorf geborene Maschinenbauer entwickelte in seiner Versuchswerkstatt in Bad Cannstatt zusammen mit August Wilhelm Maybach den Benzinmotor, ließ einen von diesem angetriebenen Wagen 1885 patentieren und legte so den Grundstein für die Automobilindustrie, die bis heute das Rückgrat der Wirtschaft und des Wohlstandes vor allem im Großraum Stuttgart ist. Tausende von Arbeitsplätzen hängen an Daimler-Benz, Porsche und Zulieferern wie Bosch oder Mahle, und die großen Umbrüche in der Autoindustrie wirken sich unmittelbar auf die Region aus. Früher galt es als schwäbisch-bescheiden, seinen Porsche *henterm Haus* zu parken, um nicht damit anzugeben. Die jüngeren Generationen sind inzwischen deutlich leidenschaftsloser, wenn es um Autos geht.

Aber zurück zum *heiligen Blechle*: Nach der Reformation bekamen die Armen in Württemberg eine Blechmarke, die sie dazu berechtigte, aus dem sogenannten Armenkasten der Kirche Geld zu beziehen, das aus der Kollekte oder sonstigen kirchlichen Einnahmen stammte. Nur ortsansässige Arme bekamen Zuwendungen – sie wiesen sich mit dem Blech aus, das dann zum *heiligen Blechle* wurde. »Heilig's Blechle!« ist heute vor allem als Ausruf des Erstaunens gebräuchlich. Alternativ kann man seine Verwunderung auch mit »Heilig's Korntal!« ausdrücken. Das »Heilige Korntal« direkt neben Stuttgart ist Sitz der Brüdergemeinde, einer Freikirche, die als besonders pietistisch gilt.

Kehrwoch

Rufen Sie die Audiodatei auf der folgenden Webseite auf, um von mir persönlich in die Geheimnisse der schwäbischen Kehrwoche eingeweiht zu werden: www.duden.de/schwaebisch.

Klischees

Schaffa, schaffa, Häusle baua?

Befragt man Menschen von außerhalb, was ihnen zu den Schwaben und Schwäbinnen einfällt, dann kommen immer dieselben Antworten: Sparsamkeit/Geiz, Fleiß, Tüfteln, Schaffen und Kehrwoche. Bis auf das Tüfteln nicht besonders schmeichelhaft. Was ist denn nun dran an diesen Klischees? Wie überall gibt es auch in Schwaben *sotte ond sotte* (›solche und solche‹). Beginnen wir mit der Sparsamkeit: Ja, dafür sind die Schwaben und Schwäbinnen berühmt-berüchtigt (s. Kap. »Swabian housewife«) und viele schwäbische Sprüche beziehen sich darauf. Sabine Essinger, Urgestein des schwäbischen Kabaretts, hat mir einen ihrer Lieblingsspartipps verraten: »Größere Schritt macha ond Absätz spara.« Das schwäbische Gesangsduo »Ernst und Heinrich« hat einen großartigen Song geschrieben: »Nex verkomma lassa«, will heißen: ›Bloß nichts verschwenden!‹ Darin heißt es:

> »Ond wenn au ebbes ibrig bleibt vo Spätzle, Floisch ond Sößle, noo sag i: Guck, jetzt bräucht's a Guck oder a Tupperdösle. Ond will beim beschde Willa au nex meh en Ranza bassa, noo schleng i's trotzdem na ond sag: Nex verkomma lassa.«

Sparen und Geiz liegen nah beieinander. Schwaben und Schwäbinnen machen selbst Witze darüber:

Kommad nocham Kaffee, noo sen ihr zom Obendessa wieder drhoim.

Mei Dasch isch voll, aber zu. (Wenn jemand bettelt.)

Onderer Mark derf's koschda, was will. (›Unter einer Mark darf es kosten, wie viel es will.‹)

Ein bekannter Spruch von Manfred Rommel lautet: »Der Schwabe tut gerne so, als ob er arm sei; aber er ist beleidigt, wenn andere ihm das glauben!« Da ist was dran. Früher hat man den Porsche hinter dem Haus geparkt und den Pelzmantel mit dem Futter nach außen getragen, um nicht anzugeben. Besonders auffällig ist dies auch heute noch in Stuttgart, einer Stadt, die viel zu bieten hat, deren Bewohnerinnen und Bewohner sich aber noch immer schwertun, darauf stolz zu sein. Kein Stolz, das hängt historisch auch mit dem Pietismus zusammen, dessen Lehre besagt, dass alle irdischen Freuden nichtig sind und nur das zählt, was gottgefällig ist. Geizig sein, sich schwertun, Geld auszugeben für das, was schön ist und Spaß macht, das ist sicherlich bis heute ein Teil der schwäbischen Mentalität. An mangelnden Ressourcen liegt es nicht unbedingt: 23,3 Prozent der Haushalte in Stuttgart haben mehr als 5000 Euro netto im Monat zur Verfügung, nur in München gibt es mit 28,2 Prozent mehr gut verdienende Haushalte. Meine Mutter benutzte in Gerlingen gern das wunderbare Wort *aushausich*. Das war jemand, der viel aus dem Haus ging, um sich zu amüsieren, und dafür gerne Geld ausgab, sprich: verschwenderisch war. Positiv gemeint war es nicht.

Wie steht es nun um den Spruch »Schaffa, schaffa, Häusle baua«? Der besteht ja aus zwei Teilen. *Schaffa* bedeutet nicht, etwas zu erschaffen, sondern ›fleißig arbeiten‹. *Schaffer* oder *Schaffere* zu sein (›Fleißige[r]‹), das ist ebenso ein Lob, wie wenn jemand *schaffig* ist. Normal ist, dass Arbeit einen hohen und auch moralisch besetzten Stellenwert hat. Bosch, Mahle, Daimler, Porsche, Stihl, Kärcher, Zeiss, Trumpf, das alles sind Weltunternehmen, die ihren Ursprung in Schwaben haben, dazu kommen all die unzähligen KMUs, also kleine und mittelständische Unternehmen, die oft in Industriegebieten im Remstal oder auf der Alb sitzen, unscheinbar daherkommen, tatsächlich aber als Global Player agieren. Auch das Klischee mit dem Tüfteln stimmt: Das Auto und die Zündkerze, der Fernsehturm, der Teddybär, der Büstenhalter sind alle schwäbische Erfindungen, ja, sogar Hollywood in Gestalt von Carl Laemmle, der aus Laupheim in die USA auswanderte und dort 1912 die »Universal Studios« gründete. Die meisten Patente, 4160 insgesamt, wurden 2023 in Deutschland von der Firma Bosch angemeldet. *Cleverle*, *Gscheidle*, *Käpsele* (alle ›schlauer Mensch‹) allenthalben.

Fehlt noch die zweite Hälfte des Spruchs: *Häusle baua*. In Zeiten, in denen die meisten Menschen vor allem im Großraum Stuttgart händeringend nach einer bezahlbaren (Miet-)Wohnung suchen, ist das eigene Haus oder gar der Hausbau sicher für viele ein Traum, der ein solcher bleiben wird. Parallel sprechen die explodierenden Neubaugebiete in ländlichen Gebieten eine andere Sprache. Hier werden noch immer fleißig frei stehende Häuser gebaut, in Pendlernähe zum *Gschäft*. Im Eigenheim haben er und sie ihre Ruh' und *koiner schwätzt ihne nei*. Was nun die Kehrwoche betrifft, so ist diese insbesondere in Stuttgart lebendig, aber auch hier gilt: Es gibt *sotte ond sotte* – Mietshäuser, in denen die Einhaltung der Kehrwoche penibel überwacht wird und auch fester Bestandteil des Mietvertrags ist, und andere, in denen sich kein Mensch dafür interessiert, wie es im Hausflur aussieht. Die Ursprünge der Kehrwoche liegen schon im Jahr 1492 und bei Graf Eberhard im Barte, 1988 wurde sie von Oberbürgermeister Manfred Rommel offiziell wieder abgeschafft, ganz verschwunden ist sie dadurch jedoch nicht (s. Kap. »Kehrwoch«). Generell gilt die schöne Empfehlung: »Älles grüßa, was sich bewegt, ond älles butza, was sich net bewegt!«

Meine Lieblingsbeschreibung der Schwaben und Schwäbinnen stammt schließlich vom ersten deutschen Bundespräsidenten und Urschwaben Theodor Heuss: »Dene Schwoba kah mr net traua, au wenn se nette Leit send.«

Lieber 's Sparschweinle fülla als aushausich sei

Konjunktiv

Dädsch mir?

Für die Bildung des schwäbischen Konjunktivs benötigt man vor allem das Hilfsverb *tun*, das im Konjunktiv zu *däd/dädsch/dädad* wird. Es kommt überall da zum Einsatz, wo man im Hochdeutschen das Hilfsverb *würde* benutzt: »I däd gern spaziera laufa« (›Ich würde gerne spazieren gehen‹) oder »Mir dädad ons jetzt so langsam verabschieda« (›Wir würden uns jetzt langsam verabschieden‹). Auch der (selbst im Hochdeutschen selten benutzte) Konjunktiv I, der zum Beispiel in der indirekten Rede auftritt, wird mit dem Hilfsverb gebildet: »Sie sagt, sie komme zum Kaffee« wird im Schwäbischen zu: »Sie sagt, sie däd zom Kaffee komma.« Im Konjunktiv II, der häufig in irrealen Sätzen auftritt, kommt ebenfalls *däd* zum Einsatz: »Fir so a mickrigs Stickle Kucha däd i net so an Haufa Geld ausgäba!« (›Für so ein kleines Stück Kuchen gäbe ich nicht so viel Geld aus!‹) Aber Achtung: *Dätschig* hat nichts mit dem Konjunktiv zu tun, sondern bedeutet ›sehr weich‹, und wenn man einen Schokokuss zwischen zwei Hälften eines einfachen weißen *Weckles zammadätscht* oder *zerdätscht*, also ›zerdrückt‹, dann hat man ein *Dätsch-* oder *Datschweckle*.

Fundamental wichtig im Schwäbischen sind *dädsch mir*, *dädsch mir net* oder *dädsch mir gschwend*. Was nach einem Wunsch oder einer Bitte klingt, ist tatsächlich ein Befehl: »Dädsch mir gschwend des Kischdle vo dr Bühne hola?« (›Würdest du mir mal eben die Kiste vom Speicher holen?‹) *Dädsch mir* wird deshalb auch als »Befehlsform für das

Rentenalter« bezeichnet, weil man damit den pensionierten Partner bzw. die Partnerin vom Nichtstun abhalten und auf höfliche Weise herumscheuchen kann, vor allem in Kombination mit *gschwend* (›geschwind‹), was bedeutet: ›Aber bitte jetzt gleich, das dauert ja nicht lang!‹ Ähnlich verhält es sich übrigens mit *Sie dürfad*, auch wenn hier keine Konjunktivform vorliegt. Wenn jemand das gebraucht, wird Ihnen eigentlich keine Wahl gelassen. So erging es mir vor vielen Jahren bei meinem ersten Besuch im Stuttgarter Mineralbad Berg, das für seine strikten Regeln bekannt war. Ich erhielt an der Kasse eine lange Liste von (mündlichen) Instruktionen, und jeder Satz begann mit *Sie dürfad*, bis es zum Schluss hieß: »Ond noo dürfad Se zom Bada ihr Badkapp uffsetza.« Die Einhaltung der (mittlerweile abgeschafften) Badekappenpflicht wurde vom Bademeister streng überwacht. Von wegen dürfen!

Abschließend zurück zum Konjunktiv: Während im Hochdeutschen die Vergangenheitsform des Konjunktiv I mit *sein* oder *haben* gebildet wird, benutzt man im Schwäbischen ausschließlich *wäre* oder *hätte*, also den Konjunktiv II. »Er meinte, er sei sehr müde« wird dann zu »Er hot gmoint, er wär arg miad«. Die Vergangenheitsform des Konjunktiv II unterscheidet sich in Standardsprache und Dialekt dagegen nicht: »Ich hätte diesem unzuverlässigen Menschen kein Geld geliehen« wird zu »I hett dem Schlambr koi Geld glieha«.

Lachen

Zum Lachen in den Keller

Vielleicht haben Sie gestutzt, als Sie den Untertitel dieses Buches gelesen haben. Schwätzen und Schaffen werden mit den Schwaben und Schwäbinnen assoziiert, keine Frage. Aber Lachen? »Der lacht bloß em Kellr, wenns neamr sieht« lautet ein verbreiteter Spruch und es wird gerne gespottet, dass in Schwaben alles erlaubt ist, Hauptsache, es macht keinen Spaß. Doch wenn man sich bewusst macht, wie viele Witze es gibt, in denen Schwaben und Schwäbinnen vor allem sich selbst auf die Schippe nehmen, wie viele Künstlerinnen und Künstler auf Schwäbisch singen oder Kabarett machen und auf kleinen und großen Bühnen mit ihrem Auftritt den ganzen Ort mobilisieren, dann ergibt sich ein ganz anderes Bild. In Schwaben wird gern gelacht. Vielleicht nicht so laut wie anderswo und vielleicht dauert das Warmlaufen etwas länger – dann aber gibt es kein Halten mehr.

Hiervon zeugen beispielsweise die legendären Auftritte von »Hannes und der Bürgermeister« (Albin Braig und Karlheinz Hartmann) in der immer ausverkauften Mäulesmühle bei Leinfelden-Echterdingen, die bis 2023 fast vierzig Jahre ihr Publikum unterhielten. Angefangen hat alles mit dem Komikerduo »Häberle und Pfleiderer« (Oscar Heiler und Willy Reichert), die von 1933 bis in die 70er-Jahre hinein erst im Stuttgarter Friedrichsbautheater und später im Fernsehen auftraten. Die Figur des (pseudohochdeutschen) Häberle war dem Pfleiderer scheinbar intellektuell überlegen, während tatsächlich der *knitze*

(›bauernschlaue‹) Pfleiderer am Ende das letzte (schwäbische) Wort hatte. Wer sich den Humor von »Häberle und Pfleiderer« anschauen will, dem sei der Sketch »Auf der Brücke« empfohlen – wie die beiden aneinander vorbeireden, das hat sich Loriot (der in Stuttgart Abitur machte!) bestimmt zum Vorbild genommen.

Während »Hannes und der Bürgermeister« vom SWR nur regional im Fernsehen ausgestrahlt wurde, haben es zumindest Mathias Richling (Waiblingen) und Harald Schmidt (Nürtingen) geschafft, aufgrund von bundesweiten Fernsehauftritten in ganz Deutschland bekannt zu werden, auch wenn Letzterer vor allem auf Hochdeutsch Witze macht. Die meisten schwäbischen Kabarettistinnen und Kabarettisten sind eher regional bekannt. Zu den Urgesteinen zählen Uli Keuler, »Herr Hämmerle« (Bernd Kohlhepp), »Frl. Wommy Wonder« (Michael Panzer), Sabine Essinger und der »Italo-Schwabe« Heinrich del Core. Dominik Kuhn synchronisiert als »Dodokay« Szenen aus Filmklassikern auf Schwäbisch, seine Synchronisation einer Rede von Barack Obama, der sich auf Schwäbisch über Fahrräder im Hausgang aufregt, ist legendär. Der in Eritrea geborene, in Mössingen bei Tübingen aufgewachsene Tedros »Teddy« Teclebrhan füllt mit Nummern wie seinem »Heiratsantrag auf Schwäbisch« in ganz Deutschland große Hallen, und die »DooWop Mädla« landeten 2021 mit ihrem »Kartoffelsalat«, einer Parodie auf den »Wellerman«, einen Hit.

Der schwäbische Humor ist trocken, hintergründig, manchmal sehr böse und auch gerne mal derb: »Heul noo feschde, noo brauchsch net so viel bronza.« (›Heule nur ordentlich, dann musst du nicht so viel pinkeln.‹)

Als ganz eigene Richtung gibt es die *Goga*-Witze aus Tübingen. Ein *Gog* war ein Tübinger Weingärtner, entsprechend geht es in den Witzen um Wein, Wirtschaften und *Wengerter*. Man kann sich auf Schwäbisch *heelacha* (›totlacha‹), *schäpslacha* (›schieflachen‹) oder auch nach innen lachen. Letzteres ist ein Phänomen der Ostalb. Dort trat ich einmal mit meinem schwäbischen Kabarett vor einer Gruppe von Landfrauen auf, die sich sehr verhalten zeigten. Als ich hinterher verunsichert fragte, ob es ihnen nicht gefallen hätte, sagte die Vorsitzende verwundert, sie hätten sich doch großartig amüsiert: »Wissad Se, Frau Kabatek«, schloss sie, »uff dr Alb lachad mir meh so noch enna.«

Lehnwörter

Wir können alles – außer Französisch

Schäslo, Plafo, Trottwa? So klingt es, wenn französische Wörter in den schwäbischen Wortschatz eingehen und dabei so gründlich »eingeschwäbelt« werden, dass man Mühe hat, den französischen Ursprung wiederzuerkennen. Aus dem französischen *cousin* wurde so der *Kuseng*, aus *trottoir* das *Trottwa*, aus *chaise longue* das *Schäslo* und aus *plafond*, der Zimmerdecke, das *Plafo* mit Betonung auf der ersten Silbe. Ein Grund für die vielen französischen Lehnwörter sind neben der geografischen Nähe sicherlich die engen historischen Beziehungen zwischen Württemberg und Frankreich. So heiratete der spätere Graf Eberhard IV. auf Betreiben seines Vaters Eberhard III. um 1407 Henriette von Mömpelgard (französisch Montbéliard). Bis 1796 existierte die Grafschaft Württemberg-Mömpelgard.

Man orientierte sich im Südwesten insgesamt stark an Frankreich und weniger am weit entfernten Preußen. Paris galt als Inbegriff der Lebensart, der feinen Küche, Eleganz und prunkvoller barocker Architektur. Insbesondere dem württembergischen Herzog Karl Eugen diente das höfische Versailles als Vorbild für seinen Hof und beim Bau seiner Schlösser ab Mitte des 18. Jahrhunderts. Er nannte sein auf einem Hügel vor Stuttgart thronendes Lustschlösschen denn auch »Solitude«, ich kannte es immer nur als *d'Solidü*. Französisch besetzt wurde Württemberg im Jahr 1800, nachdem die Koalition Österreichs und Württembergs gegen Napoleon gescheitert war.

Einige Siedlungen in Württemberg tragen sogar französische Namen. *Großvillars* (mit *Kleinvillars*), *Perouse* und *Pinache* (mit *Serres*) gehen auf französischsprachige Waldenser und Hugenotten zurück, die 1698 vom Herzog von Savoyen gezwungen wurden, ihre Heimat im Chisonetal im Piemont zu verlassen, weil sie reformierten Glaubens, also protestantisch (nach Calvin) waren. Ungefähr 400 Hugenotten und Hugenottinnen und insgesamt etwa 3000 Waldensern und Waldenserinnen wurde vom württembergischen Herzog Eberhard Ludwig die Aufnahme im protestantischen Württemberg gewährt. 1823 wurden die Waldenser und Waldenserinnen schließlich gezwungen, sich in die württembergische lutherische Kirche zu integrieren, womit einherging, dass ihnen die Verwendung ihrer Muttersprache verboten wurde.

d'Solidü

Verbreitete Lehnwörter:

Ade, Adele (von *adieu*)	– Abschiedsgruß
Bagasch (von *bagage* ›Gepäck‹)	– ›Sauhaufen‹
bardu (von *partout* ›überall‹)	– ›unter allen Umständen‹
Botschamberle (von *pot de chambre*)	– ›Nachttopf‹
duschur (von *toujours*)	– ›immer‹
Edaschär (von *étagère* ›Regal‹)	– ›Etagère‹
eschdimiera (von *estimer*)	– ›schätzen‹
eschoffiera (von *échauffer* ›sich erhitzen‹)	– ›sich aufregen‹
Fasso (von *façon* ›Machart‹)	– In der Redewendung »Jeder soll noch seiner Fasso selig werda.« (›Jeder soll nach seiner eigenen Auffassung leben.‹)
Gugomer (von *concombre*)	– ›Gurke‹
malad (von *malade*)	– ›krank‹
Malär (von *malheur*)	– ›Unglück, Beschwerden‹
Parderr (von *parterre* ›Parkett‹)	– ›Erdgeschoss‹
schallu (von *jaloux* ›eifersüchtig‹)	– ›verrückt‹
Sudrai (von *souterrain* ›unterirdisch‹)	– ›Untergeschoss‹
wisawi (von *vis-à-vis*)	– ›gegenüber‹

Lenisierung

Dode Dande

Wenn ein Schwabe oder eine Schwäbin an der Nordsee Urlaub macht und dort im Café einen Kakao mit Schuss, auch »Tote Tante« genannt, bestellt, bringt er bzw. sie die Bedienung möglicherweise an ihre Grenzen. Auf Schwäbisch heißt das nämlich *dode Dande*. »Maulfaule« Schwaben und Schwäbinnen verwandeln fleißig und nahezu flächendeckend die stimmlosen, harten Konsonanten *p*, *t* und *k* in die stimmhaften, weichen Konsonanten *b*, *d* und *g*. Sprachwissenschaftlich nennt man diesen Prozess Lenisierung und er ist Teil des Phänomens der binnendeutschen Konsonantenschwächung, die in mittel- und oberdeutschen Mundarten auftritt.

Wenn also aus der *Tante* eine *Dande* wird, verändert sich der Konsonant in der Aussprache sowohl im Anlaut als auch in der Wortmitte. Aus dem *Topf* wird folglich ein *Dopf*, noch schöner verkleinert ein *Döpfle*, eine kleine Tasche ist ein *Däschle* und in Schwaben brüllt man nicht »Tor!«, sondern »Dor!«. Auch der Auslaut von Wörtern, die auf *-d* enden, welches im Hochdeutschen aufgrund der sogenannten Auslautverhärtung als *-t* gesprochen wird, wird im Schwäbischen mit weichem *-d* ausgesprochen, beispielsweise in *Bad* oder *Kamerad*.

Weich ausgesprochen wird auch das *p*: Aus *putzen* wird *butza*, *Papa* wird zu *Babba*, aus dem *Pappendeckel* (auch als Spitzname für den Führerschein gebraucht) der *Babbedeggl*. Dazu passt auch der folgende Witz: In der Senefelderstraße im Stuttgarter Westen gab es früher ein Gefängnis. Ein kleiner Junge schaut zu einem Fenster hinauf und winkt. »Was machschn du doo?«, fragt ein Mann, der zufällig vorbeikommt, den Buben. »Babba gucka.« (›Papa schauen.‹) – »Ond was macht dei Babba doo?« – »Gucke babba.« (›Tüten kleben.‹) Anders jedoch verhält es sich mit dem *k*: Im Anlaut vor Vokalen wird es nicht lenisiert, sprich: Die *Kartoffel* wird zur *Kardoffl*, nicht zur *Gardoffl*. In der Wortmitte und am Wortende wird das *k* jedoch lenisiert, so wird aus *Kranke* dann *Krange*, aus *krank* wird *krang*.

In den Kombinationen *st* und *sp* im Wortinneren wird das *s* zudem als *sch* ausgesprochen. So wird aus dem *Kasper* der *Kaschbr*, aus dem *Vesper* das *Veschbr*, *hast du* wird zu *hoschd*, und aus *kannst du* wird *kannschd* (s. Kap. »Grammatik«). Durch die vielen *sch*-Laute klingt das Schwäbische schnell mal nuschelig, was bei *Reigschmeckten* zu Verständnisschwierigkeiten führen kann. Auch beim *s* spart der schwäbische Dialekt übrigens die stimmhafte Variante ein, es gibt nur das stimmlose, also harte *s*, selbst in *Gräsr*, *Wies* oder *Rasa*.

Märchen und Sagen

Von Spatzen und Spionen

Jede Region hat ihre eigenen Geschichten, Schwaben hat sogar sein eigenes grimmsches Märchen. Man könnte sich bei den »Sieben Schwaben« an die »Drei Musketiere«

erinnert fühlen, denn die sieben klammern sich alle gemeinsam an einen Spieß, der sieben Mannslängen misst, und ihr Motto lautet: »Wie alle sieben für einen, so für alle sieben nur einen!« Doch im Gegensatz zu den tapferen Musketieren sind der *Allgäuer*, der *Seehas*, der *Nestelschwab*, der *Blitzschwab*, der *Spiegelschwab*, der *Gelbfüßler* und der *Knöpflesschwab* lächerliche Charaktere, die in ihren Abenteuern keine besonders gute Figur abgeben. Am Bodensee wollen die sieben ein Seeungeheuer besiegen, begegnen aber stattdessen einem Hasen, der erst Männchen macht und danach vor den vor Angst zitternden Schwaben davonhoppelt. Sie behaupten daraufhin, ein schreckliches Untier in die Flucht geschlagen zu haben. Keine besonders schmeichelhafte Geschichte, aber möglicherweise ist sie historisch genau aus diesem Grunde entstanden, nämlich um den Mythos der tapferen Schwaben zu zerstören. Die hatten im Mittelalter den Ruf, ausgesprochen mutige Krieger zu sein. Immer wieder dienen die Sieben Schwaben – als Gruppe oder einzelne Figuren – als Namensgeber; am bekanntesten ist sicher eine Zugverbindung am Bodensee, die den Namen *Seehas* trägt.

Die zweite Geschichte, die kein besonders gutes Licht auf die Schwaben und Schwäbinnen wirft, ist die Sage vom Ulmer Spatzen. Die Ulmer Bürger wollten für den Bau einer Kirche lange Baumstämme in die Stadt bringen. Weil die Balken jedoch quer auf dem Wagen lagen, passten sie nicht durch das Stadttor, sodass die einzige Lösung zu sein schien, das Stadttor abzureißen. Gerade noch rechtzeitig sahen sie einen kleinen Spatzen, der im Torbogen ein Nest baute und hierfür einen Getreidehalm längs in einen schmalen Spalt schob. Nun legten auch die Ulmer

Die Sieben Schwaben

ihre Balken der Länge nach auf den Wagen, und siehe da, ohne Probleme rollte der Wagen durch das Tor. Bis heute tragen die Ulmerinnen und Ulmer darum den Spitznamen »Spatzen«.

Doch es gibt auch Geschichten, in denen die Schwaben und Schwäbinnen ihrem Ruf als *Gscheidle* (›Intelligente‹) mehr als gerecht werden. Da ist zum einen die Geschichte vom Aalener Spion, der bis heute Pfeife rauchend als Denkmal auf dem Turm des Alten Rathauses in Aalen steht. Der Sage nach wurde die Reichsstadt Aalen von kaiserlichen Truppen belagert, die sie einnehmen wollten. Daraufhin gaben die Aalener ihrem klügsten Mann den Auftrag, das Lager auszuspionieren. Der Aalener Spion marschierte geradewegs ins feindliche Lager und fragte den Kaiser und seine Feldherren rundheraus, was sie denn vorhätten: »Erschrecket net, ihr hohe Herra, i will bloß gucka, wie viel Kanone ond anders Kriegszeug ihr hent. I ben nämlich der Spion von Aale.« Der Kaiser nahm es mit Humor und war von so viel Mut und Unverfrorenheit so beeindruckt, dass er die Stadt verschonte. Ja, der Spion war ein *Cleverle*, man könnte auch sagen, er war *knitz*, also auf eine liebenswerte Weise clever und frech zugleich.

Eine weitere Geschichte spielte sich angeblich auf der Burg Weibertreu bei Weinsberg im Landkreis Heilbronn ab. Auch diese Burg wurde im Jahr 1140 belagert, und zwar vom Stauferkönig Konrad III. Dieser gewährte den Frauen auf der Burg freien Abzug und außerdem durften sie das mitnehmen, was sie auf ihren Schultern tragen konnten. Die »Treuen Weiber von Weinsberg« trugen ihre Männer auf dem Rücken den Berg hinunter und retteten sie dadurch vor dem sicheren Tod.

Pflege

Wer sich um den schwäbischen Dialekt verdient gemacht hat

In meiner Kindheit war es bei den Kirchenbasaren meiner evangelischen Gemeinde immer ein Höhepunkt, wenn die nicht mehr ganz junge, sehr fröhliche Gerlinger Heimatdichterin Luise Drissler (1906–1982) vor das Publikum trat. Besonders gut im Gedächtnis ist mir geblieben, wie das *Luisle*, wie sie alle nur nannten, das Gedicht »Vom Esse kommt's net« vortrug, in dem es darum ging, dass es ja unmöglich am vielen Essen liegen konnte, dass sie selbst eine sehr rundliche Figur hatte. Luise Drissler gehört damit zu den wenigen Dichterinnen in schwäbischer Sprache, die es zu einem gewissen Bekanntheitsgrad brachten.

An zwei Namen kommt man nicht vorbei, wenn es um Schwäbisch als Schrift- und Dichtersprache geht: Sebastian Blau und Thaddäus Troll. Sebastian Blau, eigentlich Josef Eberle (1901–1986), war 1945 einer der drei Gründer und anschließend langjähriger Herausgeber der »Stuttgarter Zeitung«. Er schrieb schwäbische Gedichte und Essays über das Wesen der Schwaben und Schwäbinnen, die Mundart und die schwäbische Lexik, nachzulesen beispielsweise in dem Bändchen »Ob denn die Schwaben nicht auch Leut' wären ...?«. Als gebürtiger *Raoteburger* (›Rottenburger‹) setzte er dem Dialekt seiner Heimatstadt ein Denkmal. Thaddäus Troll ist ein Pseudonym für Hans Bayer (1914–1980) – er wollte gerne im Bücherregal neben Tucholsky stehen. Geboren in Bad Cannstatt, arbeitete er im II. Weltkrieg zunächst als Kriegsberichterstatter für die Nationalsozialisten. Nach dem Krieg machte er sich in Stuttgart als Journalist und Schriftsteller einen Namen und wurde zum Schwäbischspezialisten: So befasste er sich ausführlich mit schwäbischen Schimpfwörtern, schrieb eine schwäbische Version des »Geizigen« von Molière (»Der Entaklemmer«), Gedichte, ein *Aufklärungsbüchle* auf Schwäbisch (»Wo kommet denn dia kloine Kender her?«) und das quasi als Standardwerk über die Schwaben und Schwäbinnen geltende »Deutschland deine Schwaben«.

In neuerer Zeit bleibt Manfred Rommel (1928–2013) nicht nur als Stuttgarter Oberbürgermeister in Erinnerung (1975–1996), sondern auch als Humorist und Dichter. In Sprüchen, Gedichten und Geschichten erfasste er wie kein anderer die schwäbische Seele in all ihren Widersprüchen, aber auch mit all ihren liebevollen Aspekten. Viele seiner Sprüche sind bis heute geflügelte Worte und als »gelebte Sparsamkeit« verkörperte Rommel im Amt die höchste schwäbische Tugend. Schwäbische Gedichte, Aphorismen, Hörspiele und Essays schrieb der Dichter Helmut Pfisterer (1931–2010), z. B. im Gedichtbändchen »weltsprache schwäbisch«. Der Degerlocher Gerhard Raff wiederum erinnert seit vielen Jahren in seiner Mundartkolumne in der »Stuttgarter Zeitung« an berühmte schwäbische Persönlichkeiten, seine gesammelten schwäbischen Geschichten und Glossen sind in »Herr, schmeiß Hirn 'ra!« nachzulesen. Von Haus aus Historiker veröffentlichte er unter dem Titel »Hie gut Wirtemberg allewege« ein mehrbändiges, monumentales Werk über die Geschichte des deutschen Südwestens. Seit 2009 veröffentlichen die »Stuttgarter Nachrichten« außerdem täglich die Dialektkolumne »Auf gut Schwäbisch«, in der Fragen zu schwäbischen Wörtern und Redewendungen behandelt werden.

Hubert Klausmann und das Tübinger Ludwig-Uhland-Institut für Empirische Kulturwissenschaft widmen sich engagiert nicht nur der wissenschaftlichen Erforschung des schwäbischen Dialekts und seiner Varianten, sondern auch seiner Bewahrung und Förderung. Der »Sprechende Sprachatlas« ist nicht nur von wissenschaftlichem Interesse, es macht einfach auch großen Spaß, die verschiedenen schwäbischen Varianten eines Wortes anzuhören! Die Grundlagen für die Arbeiten des Instituts legte der Kulturwissenschaftler Hermann Bausinger (1926–2021). Er setzte sich mit dem Begriff *Heimat* auseinander, schaute an Stammtischen im ganzen Land dem schwäbischen Volk buchstäblich »aufs Maul« und veröffentlichte neben vielen anderen Werken eine »Schwäbische Literaturgeschichte«.

Zur Pflege des Dialekts gehören natürlich auch alle Künstlerinnen und Künstler, die auf Schwäbisch singen, schreiben oder Kabarett machen (s. Kap. »Lachen«). Etwas ganz Besonderes ist das Theater Lindenhof in Melchingen: In einem winzigen Dorf auf der Schwäbischen Alb wird hier seit 1981 im ehemaligen Dorfgasthof und auch draußen auf der rauen Alb oder in Tübingen am Neckar Volkstheater gespielt. Sebastian Blau, Thaddäus Troll, Peter Härtling aber auch Shakespeare oder Cervantes dienen als Vorlagen für die Stücke. Hier geht es nicht um Schenkelklopfer, sondern um engagiertes, oft politisches und hochaktuelles Theater in schwäbischer Mundart.

Seit Jahrzehnten gibt es auch eine breite Musikszene, angefangen mit dem 2003 verstorbenen Wolfgang »Wolle« Kriwanek, dessen VfB-Hymne »Stuttgart kommt«

bis heute von Fans gesungen wird. Auch die *Schwobarock*-Gruppe »Grachmusikoff« und ihren Ableger »Schwoißfuaß« gibt es leider nicht mehr. Viele andere kann man jedoch noch live erleben: »Ernst und Heinrich« beispielsweise (Ernst Mantel und Heiner Reiff), den selbst ernannten »Schwäbischen Botschafter« Wolfgang Seljé oder die Liedermacherin Elena Seeger. Und last but not least – »Äffle und Pferdle«! Jahrzehntelang traten die beiden Cartoonfiguren im SWR-Fernsehen als Pausenfüller und Werbeträger auf und es gibt wohl niemanden in Schwaben, der den »Hafer- und Bananenblues« nicht kennt.

Politikerschwäbisch

Vertuschung zwecklos

Politikerinnen und Politiker, die im Bundestag sprechen, können sich noch so sehr bemühen, ihre schwäbische Herkunft zu vertuschen, man hört es aber doch meist heraus. Dabei strengen sie sich doch so sehr an, Hochdeutsch zu sprechen! Schließlich wollen sie auch in Berlin verstanden werden und nicht als provinziell gelten. Leider ist trotzdem allen sofort klar, dass sie aus Schwaben stammen, und oft klingt es ein wenig gekünstelt, um nicht zu sagen: drollig. Da werden dann beispielsweise die Wortendungen, die im Schwäbischen in der Regel weggelassen werden, besonders betont und die normalerweise weich ausgesprochenen Konsonanten *p*, *t*, *k* übertrieben hart. Hyperkorrektur nennt man das. »Wir sprechen heite iber den Haushalt des nägschden Jahres« wäre dann beispielsweise die vermeintlich hochdeutsche Variante des Schwäbischen.

Was ich als »Politikerschwäbisch« bezeichne, nannte man früher »Honoratiorenschwäbisch«. Dieser Ausdruck wird heutzutage jedoch kaum noch verwendet. Der Duden definiert es als ›besonders in Stuttgart gesprochenes, weniger stark mundartlich gefärbtes Schwäbisch‹. Die bekannteste Beschreibung des Honoratiorenschwäbisch stammt aber von Sebastian Blau:

> »Zwischen der ›Hochsprache‹ und der bäuerlichen Mundart steht das Honoratioren-Schwäbisch [...]. Es ist die Sprache der städtischen Schwaben. So redet man am Wirtstisch und in den Läden, bei Behörden und in der Familie, und im Tübinger Stift diskutiert man darin sogar die heikelsten philosophischen Probleme. [Es] erhalten alle Ausdrücke schwäbische Lautform, auch die gelehrtesten Fremdwörter und Fachausdrücke.« (1994, S. 38)

Das Komikerduo »Häberle und Pfleiderer« spielte mit dieser Sprachform: Häberle sprach Honoratiorenschwäbisch, Pfleiderer breitesten Dialekt (s. Kap. »Lachen«). Ein weiteres schönes Beispiel ist die Abschiedsrede des ersten Bundespräsidenten Theodor Heuss, der aus Brackenheim stammte und von 1949 bis 1959 im Amt war. Heuss sagt in der Radioübertragung *heudig* statt *heutig*, *ich vermude* statt *ich vermute*, und auch die Vokale haben eine ganz eindeutig schwäbische Färbung, so in *versähen* statt *versehen*. Wer eine neuere Variante hören will, der höre sich den stellvertretenden Ministerpräsidenten Thomas

Strobl oder den ehemaligen Ministerpräsidenten Günther Oettinger an. Der schwätzt sogar Schwäbisch, wenn er Englisch redet, und es wurde sich viel über seine Rede »We are all sidding in one boat« amüsiert.

Redewendungen

Reinste Poesie

Der schwäbische Dialekt ist ungemein reich an Redewendungen. Die Redewendungen sind bilderreich, manchmal geradezu philosophisch, oft drastisch oder derb und meistens komisch, weil sich die Schwaben und Schwäbinnen über Klischees wie Geiz, Sparsamkeit oder Lustfeindlichkeit lustig machen. Wer gerne Sprüche klopft, ist übrigens ein *Spruchbeidl*. Fangen wir mit den Redewendungen an, die mit Gegensätzen arbeiten, ja geradezu dialektische Qualitäten aufweisen – auch der Dialektiker Hegel ist schließlich in Stuttgart geboren. Eine solche Wendung nennt man in der Sprachwissenschaft ein Oxymoron:

Wenn mr bei soma Wettr net krang wird, isch mr net gsond.

Mr koh net schnell gnuag langsam doo.

'S gibt Leit, die kennad älles besser, aber die wissud net, wie's goht.

I halt mi do raus, no komm e en nix nei.

A alde Sonndagshos am Werkdag hebt net so lang wie a alde Werkdagshos am Sonndag.

Gscheidr mr denkt älles, was mr secht, als mr secht älles, was mr denkt.
Wennd' nix hosch, friss es wenigschdens ausrer scheena Schissel.

In diesen Sprüchen offenbaren die Schwaben und Schwäbinnen ihre Schlitzohrigkeit und ihre Fähigkeit, um die Ecke zu denken. Besonders schön finde ich den Spruch: »Wenn noo älle so wärat, wie i sei sott«, also: ›Wenn nur alle so wären, wie ich sein sollte‹ – ja, der vom Pietismus geprägte Schwabe kann sich moralisch immer noch verbessern! Im Kapitel »Dank, Lob, Liebe« sprachen wir schon darüber, dass Komplimente machen nicht gerade eine schwäbische Stärke ist. Das lässt sich unschwer auch an folgenden Sprüchen ablesen:
Ohne Kopf wärsch du au scheener.
Du kohsch gar net so alt werda, wia du heit scho aussiehsch.
Wenn du a Muck verschlucksch, hosch meh Hirn em Maga als em Kopf.

Bei den Sprüchen liefern sich Männer und Frauen einen vergnüglichen Geschlechterkampf. In Degenfeld bei den Landfrauen hörte ich: »I koch halt grad so, wie 'nes koh, wenn's Sau net frisst, noo kriags dr Moo.« Wem keine Frau gut genug ist, dem wird geraten: »Lass dir oine gießa en Wasseralfinga« – in Wasseralfingen auf der Schwäbischen Alb wurde früher Eisen gegossen. Auch in der körperlichen Liebe tut sich der Schwabe nicht besonders hervor: »Jetzt han i emmr gmoint, bei meiner Lina wärs Leidaschaft, drweil isch's bloß Asthma.« Manche Sprüche sind hingegen

Schwäbisch macht mi ganz schallu

ganz schön makaber: »Jetz goht's voll dapfer, hot dr Spatz gsait, wia nen Katz d'Beanastiag nuff hott«, also in etwa: ›Jetzt geht's voran, hat der Spatz gesagt, als ihn die Katze die Treppe zum Dachboden hinaufgetragen hat.‹ Schließen wir mit einem ebenso drastisch-lakonischen Spruch: »Mr wird äldr, der Arsch wird käldr, ond d'Auga verlierad dr Schei.« Ja, der Schwabe. Ganz der Optimist!

Scheene Leich

Alles halb so schlimm

In Schwaben tut man sich schwer mit Nettigkeiten, umso erstaunlicher, dass man ausgerechnet den Leichenschmaus loben kann. »A scheene Leich isch gwä!« gehört zu den falschen Freunden, denn es bezieht sich mitnichten auf den besonders schön hergerichteten Leichnam, sondern auf das Begräbnis und vor allem auf den nachfolgenden Leichenschmaus. Der kann schön sein, auch wenn die Person, um die es geht, der oder die *Dode*, moralisch etwas fragwürdig war: »Beese Gschicht, aber scheene Leich.« Beim Leichenschmaus darf es dann bei Kaffee, Hefekranz und *Viertele* auch wieder etwas fröhlicher zugehen als auf der Beerdigung, es werden Anekdoten aus dem Leben des oder der Verstorbenen erzählt und es gilt das Prinzip: »So jong komma mr nemme zamma.« Und trotz des heiklen Themas dürfen darüber auch Witze gemacht werden: »Gohsch zur Lotte ihrer Leich?« – »Noi, die goht au net zu meiner.« Ebenso lakonisch: »Der isch mit achzig gschdorba – noo war d'Hebamm au nemme schuld.« (›Der ist mit achtzig gestorben – jetzt war die Hebamme auch nicht mehr schuld.‹) Noch böser, natürlich von der Alb: »En fuffzig Johr keiat se mit deine Knocha d'Epfl ra.« (›In fünfzig Jahren werfen sie mit deinen Knochen die Äpfel [vom Baum] herunter.‹) Nach einer angemessenen Trauerphase kann man dann *abdraura* (›abtrauern‹) und wieder hellere Kleidung tragen. Nicht nur die *scheene Leich* klingt in schwäbischen Ohren gar nicht so dramatisch, auch die mögliche Todesursache Schlaganfall. Auf Schwäbisch hat man *a Schlägle ghett*. Erst hat man *a Schlägle*, und dann wird man *a scheene Leich*. Alles halb so schlimm!

Schimpfen

Ohne Dackel geht es nicht

Das Schwäbische ist reich an Schimpfwörtern. Eine wichtige Rolle spielt hier der Dackel. Den gibt es in zahlreichen Varianten, zum Beispiel als *Allmachtsdackel*, *Granatendackel* oder *Halbdackel*. Viele Schimpfwörter klingen uns heute eher lustig als böse in den Ohren: *Schlambr/Schlambede*, *elender Siach* (ursprünglich ›Kranker‹, jetzt universelles Schimpfwort), *Scheisserle*, *Lombadier* (›Lumpentier‹), *Bähmulle* (›wehleidiger Mensch‹). Ganz wunderbare, komplett aus dem Gebrauch gekommene Schimpfwörter findet man in der äußerst detaillierten Etymologie des Schwäbischen von Hermann Wax. Da gibt es zum Beispiel die *Graunzkachel*, das ist jemand, der ständig am Jammern ist, den *Heardreckmoschdr*, also den ›Hühnerkotmoster‹, und die Adjektive *riegeldomm* oder *hommeldomm*. Eine ebenso großartige Zusammenstellung schwäbischer Schimpfwörter liefert alljährlich »Thaddäus Trolls Schwäbischer Schimpfkalender«. Dieser wird jedes Jahr liebevoll von Eleonore Lindenberg, der langjährigen Privatsekretärin von Thaddäus Troll, zusammengestellt und herausgegeben.

Granatendackel

Das böseste schwäbische Schimpfwort im Alltagsgebrauch ist der *Seckl*. Gemeint ist damit der männliche Hodensack oder auch das männliche Glied. Eine Variante ist der *Lombaseckl*, der ›Lumpensack‹. Schlimmer ist nur der *Halbseckl*. Die kleinste schwäbische Maßeinheit ist übrigens das *Muggaseggele*, also das Geschlechtsteil einer Mücke. Vielleicht noch ein klein wenig böser als der *Seckl* ist im protestantischen Schwaben der Fluch *Heilandsack*. Und falls Sie sich zuvor gefragt haben, was schlimmer ist, ein *Halbdackel* oder ein *Dackel*, dann gilt hier die gleiche Regel wie beim *Seckl*: »Ein Halbdackel wiegt entschieden schwerer als ein ganzer«, stellte Sebastian Blau klar (1936, S. 58).

Sehr plastisch wird es im schwäbischen Dialekt, wenn Verachtung ausgedrückt wird. Mal wieder auf der Ostalb habe ich den schönen Spruch gelernt: »Der/Die isch z'domm zom a Loch en de Schnai bronza.« Im Heilbronner Land habe ich den gleichen Spruch mit *saicha* statt *bronza* gehört, die Bedeutung ist dieselbe: ›Der/Die ist zu dumm, um ein Loch in den Schnee zu pinkeln.‹ Bei den Landfrauen in Hemmingen habe ich gehört: »Der/Die daugt nix vor a Hearloch na«, also in etwa: ›Der/Die kann nicht mal vor einem Hühnerloch sitzen, so dumm und ungeschickt ist er/sie.‹ Wenn jemand *net ganz bacha* ist, ›also nicht ganz durchgebacken‹, heißt das: ›Der/Die hat sie nicht mehr alle!‹ Wenn man sich auf der Alb ärgert, verwendet man den Ausruf: »Doo kettsch uff dr Sau naus ond uffm Esel wieder hoim.« Und weil es auf der Alb deftig zugeht, sagt man auch: »Doo schwätzt dr doch dr Arsch«, wenn man sich über etwas aufregt. Schimpfen kann man in Schwaben eindeutig besser als loben!

Schwäbisch

Ein bisschen Sprachgeschichte

Nun sprechen wir schon die ganze Zeit vom schwäbischen Dialekt, der schwäbischen Mundart oder einfach nur von Schwäbisch. Aber was ist das genau und woran kann man erkennen, ob jemand Schwäbisch spricht? Dazu müssen wir ein wenig in die Sprachgeschichte eintauchen – und in die Publikationen von Hubert Klausmann, dessen sprachwissenschaftliche Arbeiten keine Fragen zum Schwäbischen offenlassen. In Deutschland unterscheidet man niederdeutsche, mitteldeutsche und oberdeutsche Dialekte. Die oberdeutschen Dialekte setzen sich aus alemannischen, bairischen und fränkischen Dialekten zusammen, Schwäbisch gehört zu den alemannischen Dialekten. Wobei es »das Schwäbisch« eigentlich gar nicht gibt: Korrekterweise müsste man von »den schwäbischen Dialekten« sprechen, da diese zusammen eine Dialektgruppe bilden. Gesprochen werden sie im mittleren und südöstlichen Baden-Württemberg, im Südwesten Bayerns und im Nordwesten von Tirol.

Wir unterscheiden vier Großräume, nämlich West-, Zentral-, Ost- und Südschwäbisch. Wo genau welcher schwäbische Dialekt gesprochen wird, erfahren Sie im Kapitel »Dialekträume«. Die Nachbarmundarten des Schwäbischen sind Fränkisch, Bairisch und andere alemannische Dialekte: Neben dem Schwäbischen gibt es das Oberrheinalemannisch, das Bodenseealemannisch und das Hochalemannisch, das auch die deutschsprachige Schweiz umfasst, weshalb die (deutschsprachigen) Schweizer und Schweizerinnen in der Regel keine Probleme haben, Schwäbisch zu verstehen, wenn sie den Stuttgarter Weihnachtsmarkt besuchen. Klausmann definiert drei Merkmale, anhand derer man erkennt, ob jemand Schwäbisch spricht (2014, S. 45/46) und nicht eine der Nachbarmundarten Frankisch, Bairisch oder Alemannisch. Dies gilt für das Kerngebiet des Schwäbischen, nicht für die Übergangsgebiete. Alle alemannischen Dialekte kennen im Unterschied zu den Nachbardialekten Fränkisch und Bairisch im Plural der Verben nur eine Form: *mir schaffat – ihr schaffat – sie schaffat*. Das gilt laut Klausmann nicht in einem Streifen von Nagold über Reutlingen bis nach Ulm. Im Fränkischen und Bairischen hingegen gibt es wie im Hochdeutschen zwei Formen: *wir/sie arbeiten – ihr arbeitet*.

Von den anderen alemannischen Dialekten unterscheidet sich Schwäbisch durch die sogenannte neuhochdeutsche Diphthongierung. Das bedeutet, dass Schwäbisch die Entwicklung mit vollzogen hat, zwischen dem 12. und 16. Jahrhundert aus manchen einfachen, langen Lauten (*u*, *i*, *ü*) Doppellaute, also Diphthonge zu machen. So wurde zum Beispiel aus *Huus* das *Hous* (›Haus‹), aus *Ziit* wurde *Zeit* und aus *Hüüser* wurde *Heiser* (›Häuser‹). Die alemannischen Dialekte hingegen sind bei der Variante mit einem einfachen, langen Vokal geblieben. Im fränkischen und bairischen Dialekt haben sich auch Diphthonge herausgebildet, diese unterscheiden sich allerdings von den schwäbischen Lauten (*Haus*, *Zait*, *Haiser*).

Ein drittes Merkmal des Schwäbischen ist es schließlich, wenn sich in standardsprachlichen Wörtern mit der Lautfolge *-in* und *-un* die Vokale *i* und *u* zu *e* und *o* verändern. *Kinder* wird demnach zu *Kendr*, *Hund* zu *Hond* (s. Kap. »Aussprache«). Das gilt laut Klausmann nicht im

Dr Schiller schwätzt grottabroads Schwäbisch

Südosten vom Bodensee bis nach Augsburg. Die vielleicht berühmteste Schwäbisch sprechende Persönlichkeit ist übrigens der Dichter Friedrich Schiller. In Marbach am Neckar geboren, erhielt er seine Ausbildung an der Hohen Karlsschule in Stuttgart. Wenn er öffentlich rezitierte oder seinen Bekannten aus seinen Werken vorlas, muss er dies so miserabel, näselnd und in so *grottabroadem* (›breitem‹) Schwäbisch getan haben, dass die, die ihm lauschten, ihn oftmals gar nicht verstanden und zu Schillers großem Leidwesen so rasch wie möglich das Weite suchten.

Swabian housewife

Vorbildlich sparen

Die schwäbische Hausfrau. Sie trägt einen zeitlosen, ungemein praktischen *Schuarz*, einen Kittelschurz also, sie kocht, putzt und backt, sie hält Familie, Haus und Hof zusammen und vor allem – das Geld. »A hausigs (›sparsames‹) Weib isch d'beschd Sparkass« lautet ein alter schwäbischer Spruch. Gekauft wird nur, was dringend benötigt wird, der Rest des Geldes wird gespart und niemals wird etwas »auf Pump« gekauft. Das Geld verdient der Gatte bei Bosch oder Daimler, während sie ihm den Rücken freihält. In ihrer Freizeit trifft sie sich mit anderen schwäbischen Hausfrauen zum Kaffeeklatsch oder backt Kuchen für *de Bazar*, den Kirchenbasar. So weit das Klischee. Das hat ausgerechnet Altbundeskanzlerin Angela Merkel erst bundesweit und dann sogar weltweit bekannt gemacht. Sie führte beim CDU-Parteitag in Stuttgart im Jahr 2008 die schwäbische Hausfrau als moralische Instanz ein, deren kluger Ratschlag lautet: »Man kann nicht auf Dauer über seine Verhältnisse leben.«

Merkel war nicht die erste und auch nicht die letzte, aber sicherlich die prominenteste Persönlichkeit, die die schwäbische Hausfrau zu einer Metapher für Sparsamkeit machte, die man sich tunlichst bei allem, was mit Ausgaben, Budgets und drohenden Haushaltslöchern in der Politik zu tun hat, zum Vorbild nehmen sollte. Und so schaffte es *the Swabian housewife* gar in die internationalen Medien, zum Beispiel in den britischen »Guardian«, der in einem Artikel über »Angela Merkel's austerity postergirl, the thrifty Swabian housewife« zwei Frauen aus Gerlingen zu Wort kommen ließ. Trotz der hohen Kaufkraft würde man dort vergeblich nach Luxusboutiquen suchen, schrieb die Journalistin, und erklärte das Phänomen »schwäbische Hausfrau« historisch: Armut und der Pietismus mit seiner hohen Arbeitsmoral und Lustfeindlichkeit hätten sie hervorgebracht.

Bis heute steht die schwäbische Hausfrau in der Politik und auch in politischen Magazinen wie dem »Spiegel« häufig für Sparsamkeit, was offensichtlich sogar der hauseigenen Kolumnistin Samira El Ouassil auffiel. Sie schrieb Ende 2023 eine Kolumne für die Website mit dem Titel »Wehrt euch, liebe schwäbische Hausfrauen!« und bezeichnete darin die schwäbische Hausfrau als »[r]hetorische[s] Ablenkungsmanöver von Politikern[, das] als Stereotyp missbraucht« wird. Bisher sind massive Proteste schwäbischer Hausfrauen jedoch ausgeblieben.

Bertha Benz fährt von Mannheim nach Pforzheim

Margarete Steiff erfand auf der Ostalb die heute weltberühmten Steifftiere, Clara Ritter entwickelte die quadratische Ritter-Sport-Schokolade, Berta Epple gründete die »Neckar-Personen-Schifffahrt« und kutschierte gern ihren Mann umher, Bertha Benz unternahm die erste Fernfahrt mit einem Automobil. Nein, nicht alle Frauen in Schwaben waren und sind schwäbische Hausfrauen. Auch der Kittelschurz ist im Aussterben begriffen, was eigentlich schade ist, gibt es doch kaum ein nachhaltigeres Kleidungsstück – *dankbars Stöffle*! Es gibt ihn noch bei Krämermärkten, zum Beispiel beim Cannstatter Volksfest. Die allerschönste Kittelschurzkollektion besitzt Daniel Schürer im legendären Bergcafé in Ammerbuch-Reusten, nicht weit von Tübingen. Gut 350 Kittelschürzen flattern bei ihm auf der Leine, quasi als Installation, und der Künstler und Wirt trägt sie auch selbst. Die schwäbische Hausfrau gibt's heutzutage auch als Mann.

Uhrzeit

Viertel drei ond drei viertel femfe

Es gibt wohl wenig Aspekte im Schwäbischen, die so viel Chaos auslösen können wie die Uhrzeit. Selbst *Reigschmeckte*, die schon lange im schwäbischen Sprachgebiet leben, verzweifeln gerne einmal daran, dass sie nicht sicher sind, ob »Mir treffad ons om viertel ois« bedeutet, dass sie um Viertel nach zwölf, Viertel vor eins

oder Viertel nach eins zur Verabredung erscheinen sollen. Nicht dass im schwäbischen Sprachgebiet die Uhren anders ticken, aber statt Viertel nach fünf sagt man *viertel sechse* und statt Viertel vor fünf *drei viertel femfe*. Das ist wie Vokabellernen – man muss es sich einfach antrainieren. Vielleicht kann man es sich so merken: *Viertel sechse* wäre etwa ›ein Viertel in Richtung sechs Uhr‹ und *drei viertel femfe* ›drei Viertel in Richtung fünf Uhr‹. Leichter ist es mit *halb sechs*, das ist einfach *halber sechse*. Der Spruch »Der/Die sieht vo henda aus wie elfe ond vo vorna wie drei viertel zwelfe« will ausdrücken, dass jemand bei näherem Betrachten deutlich älter (und schlechter ...) aussieht als gedacht. Wie man an den Beispielen bereits sieht, wird im Schwäbischen bei den Uhrzeiten ein *-e* angehängt, aber in der Regel erst ab *vier*: »Mir treffad ons om ois/zwoi/drei/viere/femfe/sechse/siebene/achte/neine/zehne/elfe/zwelfe.«

Viel weniger Probleme als die Uhrzeit bereiten die Wochentage. So wird Montag zu *Meedich/Mondich* bzw. *Mondag* im Stuttgarter Raum. Entsprechend werden Donnerstag, Freitag, Samstag und Sonntag zu *Doorschdich/Donnerschdag*, *Freidich/Freidag*, *Samschdich/Samschdag* und *Sonndich/Sonndag*. Der Mittwoch heißt einfach nur *Midwoch*. Sprachgeschichtlich interessant ist der Dienstag: Der heißt im nördlichen Sprachgebiet *Dinschtich*, im Zentralschwäbischen *Daischtich* oder *Dienschdag*, im Westen und Süden jedoch ganz anders, nämlich *Zaischtich* oder *Zischtich*, abgeleitet von dem nach einem germanischen Gott benannten *Ziostag*. Daneben gibt es noch den früher im östlichen Schwaben üblichen, mittlerweile laut dem »Sprechenden Sprachatlas« ausgestorbenen und durch *Dienstag* ersetzten *Aftermontag*, *Aftermedich*, also den Tag nach dem Montag.

Während das Wort *Frühjohr* statt *Frühling* im Schwäbischen noch recht gebräuchlich ist, wird das schwäbische *Spätjohr* zunehmend durch den standardsprachlichen *Herbst* ersetzt. Auch *heuer* für ›dieses Jahr‹ hört man im Stuttgarter Raum nur noch selten. Übrigens: Der *Vormittag* und der *Nachmittag* sind im Schwäbischen eigentlich nicht bekannt – der *Middag* geht bis zum frühen Abend und vorher kommt nur der *Morga*.

Verschriftung

Was verbirgt sich hinter Hotwole?

Um einen Dialekt wie das Schwäbische in die Schrift zu überführen, gibt es grundsätzlich drei Möglichkeiten: In der ersten Variante versucht man, den Dialekt so authentisch wie nur möglich mit dem Alphabet der Standardsprache zu verschriftlichen. Diese Variante wurde in diesem Buch gewählt. Dabei stößt man jedoch schnell an Grenzen, weil manche schwäbischen Laute keine Entsprechung im Alphabet haben. Nehmen wir beispielsweise die Infinitive von Verben: *gehen*, *rennen*, *essen* werden zu *ganga*, *renna*, *essa*. Das auslautende *a* ist jedoch phonetisch betrachtet kein richtiges *a*, sondern ein sogenanntes »*a*-Schwa«, wie man es auch aus dem Englischen kennt (am Ende von *wonder*). Diesen Laut können wir aber mit dem normalen Alphabet nicht darstellen. Man wählt also die Schreibung *ganga*, die der Mundart am nächsten kommt. Alternativ könnte man die phonetische Umschrift wählen, die normalerweise in eckigen Klammern gesetzt wird. In der phonetischen Umschrift würde das Wort *renna* dann so aussehen: ['rɛnɐ]. Diese Umschrift ist jedoch nicht allen Menschen geläufig.

Schließlich kann man sogenannte diakritische Zeichen einführen, wie sie auch bei den Umlauten *(ä, ö, ü)* vorkommen. Diese bilden den Dialekt differenzierter ab und machen seine lautlichen Besonderheiten deutlich. Fischer und Taigel haben sich in ihrem »Schwäbischen Handwörterbuch« dafür entschieden, hinter jedem Lemma (also dem Stichwort) eine Mischung aus Alphabet und diakritischen

Zeichen anzugeben, die auch die Betonung und die Länge des Vokals beinhaltet. So wird aus *Buckel*, im Wörterbucheintrag geschrieben wie im Hochdeutschen, der *bŭgl*. (In einem Text ohne diakritische Zeichen könnte man wahlweise *Buckel*, *Buckl*, *Bugl* oder *Buggl* schreiben.) Doch der Preis dafür ist hoch: Texte mit diakritischen Zeichen sind sehr viel weniger lesefreundlich. Außerdem muss man diese Zeichen erst definieren und anhand von Beispielen einführen. Ein Problem ergibt sich daraus, dass Autorinnen und Autoren, die mit diakritischen Zeichen arbeiten, dies nicht einheitlich tun, sondern unterschiedliche Systeme benutzen. Häufig findet man die Tilde auf *a* oder *o*, um die Nasalierung zu kennzeichnen, beispielsweise: »Hock di nõ.« Für das *a*-Schwa findet man oft *â* oder *å* (*rennâ*, *rennå*). Hubert Klausmann verdoppelt einfach den Vokal, wenn er lang ausgesprochen wird (z. B. *Zopf/Zoopf*).

Dichter wie Sebastian Blau, Thaddäus Troll oder Helmut Pfisterer haben in ihren Gedichten auf diakritische Zeichen verzichtet. Nicht nur bei ihnen erschließt sich das geschriebene Schwäbisch in vielen Fällen erst dann wirklich, wenn man es laut liest. Nehmen wir als kleinen Test das Wort *Hotwole*, das sich bei Fischer und Taigel findet. Ob Sie wohl beim Lesen gleich auf die Bedeutung gekommen sind? Gemeint ist das französische Lehnwort *Hautevolee*, also die ›vornehme Gesellschaft‹. In dem Gedicht »Liebestechnik« schreibt Thaddäus Troll »hent anander wohlgfalla atoa«. Auch ich musste diese Zeile mehrmals laut lesen, bis ich verstand, dass er mit *atoa* ›antun‹ meinte, man also den Akzent auf das anlautende *a* und nicht das *o* setzen muss, womit der Satz bedeutet ›haben einander Wohlgefallen angetan‹.

Trotz aller Kompromisse ist es wichtig, Schwäbisch zu schreiben, um die Mundart zu pflegen, zu erhalten und zu fördern. Große Bedeutung kommt deshalb dem Sebastian-Blau-Preis für schwäbische Mundart zu, der jedes Jahr vom Verein »schwäbische mund.art e. V.« in verschiedenen Kategorien ausgeschrieben wird, 2018 zum letzten Mal für Literatur. Literarische Texte sind Dokumente des Sprachwandels, des schwäbischen Wortschatzes und der kulturellen Besonderheiten in unterschiedlichen Regionen. Heutzutage haben wir den großen Vorteil, dass die Technologie es ermöglicht, die mündliche Sprache in Aufnahmen zu dokumentieren und somit auch für die Zukunft zu bewahren. Bestes Beispiel ist hierfür der »Sprechende Sprachatlas« der Universität Tübingen.

Wasen

Aufm Wasa graset d'Hasa

Zu den bekanntesten schwäbischen Volksliedern zählen sicher »Auf dr schwäb'sche Eisebahne« sowie »Und jetzt gang i an Peters Brünnele«. Auch das Lied »Aufm Wasa graset d'Hasa« ist weit bekannt:

Aufm Wasa graset d'Hasa
Ond em Wasser gambet d'Fisch
Lieber will i gar koi Schätzle
Als wie so an Fledrawisch!

Der *Wasa*, der Wasen, ist das 35 Hektar große Veranstaltungsgelände am Neckar in Stuttgart-Bad Cannstatt, auf dem auch heute noch Hasen hoppeln, wenn nicht gerade eine Veranstaltung stattfindet. Das Wort *Wasa* bedeutet laut Fischer und Taigel ›Rasen, Wiese‹. Das gar nicht mehr gebräuchliche Verb *gamba* heißt ›schaukeln‹, heute sagt man eher *gautschen*. Ein *Fledrawisch* ist eine flatterhafte Person, auf keinen Fall jedoch eine gute Partie!

Auf dem Wasengelände finden große Open-Air-Konzerte, der Weltweihnachtscircus und das Frühlingsfest statt. Die größte und bekannteste Veranstaltung ist jedoch das »Cannstatter Volksfest« bzw. der »Cannstatter Wasen«, das zweitgrößte Volksfest in Deutschland nach dem Münchner Oktoberfest. Umgangssprachlich sagt man, dass man *zom* oder *uff de Wasa* geht, übrigens seit ungefähr zwanzig Jahren in Tracht, was früher nicht üblich war. Vor allem junge Menschen, die sich in Gruppen zum Wasenbesuch verabreden, tragen kurze Dirndl, Lederhosen und karierte Hemden, quasi als Zeichen der Gruppenzugehörigkeit. Mit der historischen schwäbischen Tracht aus Bad Cannstatt, das bis 1905 ein eigenständiger Ort war, hat das wenig zu tun. Die kann man zum Beispiel beim traditionellen Festumzug in Bad Cannstatt sehen, der immer am ersten Sonntagmorgen des Volksfestes stattfindet. Dabei handelt es sich um eine bäuerliche Tracht mit über das Knie gehenden Dirndln für die Frauen und dreiviertellangen Kniebundhosen und Lodenjankern für die Männer.

Das Volksfest besteht aus einem traditionellen Krämermarkt, wo man noch Bürsten, Besen und den Kittelschurz für die *Kehrwoch* kaufen kann, aus Fahrgeschäften, Imbissbuden und natürlich vor allem Festzelten. Dort trinkt man

Bier von einer der alteingesessenen, lokalen Brauereien und isst dazu ein *Göckele*, also einen Gockel, sprich: ein halbes Grillhähnchen. Wahrzeichen des Cannstatter Volksfestes ist die Fruchtsäule, eine mit Früchten dekorierte, 26 Meter hohe Holzsäule, die heute das Infozentrum des Volksfestes beherbergt. Stuttgart konkurriert vor allem mit Berlin, aber auch mit München. Die Stuttgarter und Stuttgarterinnen halten sich für weniger oberflächlich und »schickimicki« als die Münchner und Münchnerinnen und finden natürlich auch ihren Wasen viel schöner, persönlicher und authentischer als die *Wiesn*, die eine Woche vorher beginnt. Mit 4,3 Millionen Gästen stellte das 176. Volksfest im Jahr 2023 zwar einen neuen Rekord auf, konnte aber nicht mit den 7,2 Millionen Besucherinnen und Besuchern in München konkurrieren.

Entstanden sind beide Feste mit nur wenigen Jahren Abstand. Das Oktoberfest gibt es seit 1810, den Wasen seit 1818. Seine Entstehung hängt erstaunlicherweise mit dem Ausbruch des Vulkans Tambora 1815 im indonesischen Jakarta zusammen, der so heftig war, dass auf der ganzen Welt ein Jahr ohne Sommer folgte. In Württemberg waren die Folgen katastrophal: Die Obst-, Wein- und Getreideernte fiel Kälte und Regen zum Opfer, was zur Hungersnot 1816/17 führte. Tausende von Menschen wanderten aus Württemberg aus, um völliger Verarmung oder gar dem Hungertod zu entgehen. Der württembergische König Wilhelm I. und seine Frau, die russische Zarentochter Katharina, leisteten in der Folge Erstaunliches, um ihr Land aus der Krise und der Not zu führen. Sie sorgten langfristig für einen Strukturwandel in der Landwirtschaft, vor allem im Weinbau, der Württemberg prägte. Wichtig für den Wasen war die Gründung des Landwirtschaftsvereins durch den König und das erste landwirtschaftliche Hauptfest 1818. Dabei handelte es sich um eine landwirtschaftliche Ausstellung und ein Erntedankfest, aus dem schließlich der Cannstatter Wasen wurde. Dieser findet nun jährlich statt, das landwirtschaftliche Hauptfest parallel dazu alle vier Jahre.

Viel zu jung und äußerst tragisch starb Königin Katharina schon im Januar 1819 an einer Gesichtsrose mit nachfolgendem Schlaganfall. Unermüdlich, engagiert und klug gilt die russische Zarentochter bis heute als eine der prägenden historischen Persönlichkeiten in Württemberg, und die Gründungen, die sie veranlasste, von der Universität Hohenheim über die Württembergische Sparkasse bis zum Wohltätigkeitsverein und Katharinenhospital, haben bis heute Bestand.

Zungenbrecher

Glei bei Blaubeura

Zum krönenden Abschluss unserer kleinen Reise durch den schwäbischen Dialekt haben Sie jetzt die Chance, Ihre neu erworbenen Sprachkenntnisse praktisch anzuwenden, denn hier finden Sie die schönsten schwäbischen Zungenbrecher. Der bekannteste funktioniert auch auf Hochdeutsch: »In Ulm und um Ulm und um Ulm herum.« Viel anspruchsvoller ist der Nächste: »'S leit a Klötzle Blei glei bei Blaubeura, glei bei Blaubeura leit a Klötzle Blei.« (›Es liegt ein Klötzlein Blei gleich bei Blaubeuren, ...‹) Weniger bekannt ist, dass dieser Zungenbrecher aus dem Märchen von der Schönen

Lau stammt, einer Gestalt, die im Blautopf bei Blaubeuren haust – übrigens einem der schönsten Orte, den ich in Schwaben kenne! Die Hemminger Landfrauen haben mir beigebracht: »Moinschd, mogsch Moscht, weil Moscht muasch mega!« (›Meinst du, du magst Most, weil Most musst du mögen!‹) Sehr bekannt sind die folgenden beiden Zungenbrecher: »Schällad se net an sällrer Schäll, sälle Schäll schällt net. Schällad se liabr an sällrer Schäll, sälle Schäll schällt.« (›Klingeln Sie nicht an dieser Glocke, diese Glocke klingelt nicht. ...‹) und: »Dr Papschd hot's Spätzlesbschdeck z'späd bschdellt.« (›Der Papst hat das Spätzlebesteck zu spät bestellt.‹) Eher unbekannt ist dagegen: »Broggala auslaifara isch a Bubbaberlesgschäft«, will heißen: ›Erbsen pulen ist eine mühsame Arbeit.‹ Mein persönlicher Lieblingszungenbrecher ist aber dieser: »Was dean die denne Denger en denne denne Danne drenna?«, übersetzt in etwa: ›Was machen die dünnen Dinger (= Mädchen) zwischen diesen dünnen Tannen drin?‹

Zur Zukunft

Ob man in 20 Jahren noch Schwäbisch schwätzt?

In einer zunehmend globalisierten Welt ist die Gefahr groß, dass Dialekte an Bedeutung verlieren oder langfristig verschwinden. Was das Schwäbische betrifft, scheint diese

Gefahr besonders ausgeprägt. Das liegt auch an seinem oft schlechten Image: Im Vergleich zu anderen Dialekten schneidet Schwäbisch nicht gerade positiv ab, es steht in Umfragen nach Sächsisch auf Platz zwei der unbeliebtesten Dialekte in Deutschland. Außerhalb Schwabens wird der Dialekt offensichtlich als unangenehm für die Ohren empfunden. Schon zweimal hat die baden-württembergische Landesregierung versucht, mit selbstironisch gemeinten Werbekampagnen, die den Dialekt thematisieren, ihr Image aufzupolieren: von 1999 bis 2021 mit dem Slogan »Wir können alles. Außer Hochdeutsch« und dann mit der Kampagne »The Länd«. Insbesondere letztere hatte zum Ziel, Fachkräfte aus dem Ausland anzuwerben. In Umfragen innerhalb Baden-Württembergs kam diese Kampagne nicht gut an. Die meisten Schwaben und Schwäbinnen hatten wohl eher den Eindruck, sich nach außen lächerlich zu machen. Neben Hohn und Spott gab es auch viel Kritik an den Kampagnekosten von 21 Millionen Euro.

Auch innerhalb des schwäbischen Sprachraums wird der eigene Dialekt nicht immer wertgeschätzt. Das hat auch historische Gründe: Nicht nur der international bekannte schwäbische Dichter Hermann Hesse, geboren 1877 in Calw im Nordschwarzwald, suchte seine schwäbische Herkunft so gut es ging zu verbergen, denn es galt zu seiner Zeit als ungehobelt und ungebildet, Schwäbisch zu schwätzen. Bis heute wird Schülerinnen und Schülern mancherorts das Dialektsprechen in der Schule geradezu »ausgetrieben«. Es wird vermittelt, dass Schwäbisch provinziell sei, im Vergleich zum Hochdeutschen minderwertig, und dass man es sich tunlichst abgewöhnen sollte, wenn man es im Leben zu etwas bringen will. Hier ist ein dringender Paradigmenwechsel erforderlich, der dem Dialekt einen ganz anderen Stellenwert einräumt: nicht als etwas Lästiges, das es loszuwerden gilt, sondern als kulturelles Erbe und Teil der eigenen Identität und Herkunft. Auffällig ist ja, dass die meisten Dialektsprecherinnen und -sprecher sehr wohl in der Lage sind, ihr sprachliches Register zu verändern und dem Gegenüber anzupassen, und dies in der Regel auch ganz automatisch tun. In einer Kneipe in einer schwäbischen Kleinstadt wird man anders sprechen als bei einem Vorstellungsgespräch bei einer internationalen Firma.

Zu beobachten ist, dass Schwäbisch vor allem von älteren Generationen und in ländlichen Gebieten gesprochen wird. Einer Umfrage von Klausmann zum Thema Dialektsprechen in Grundschulen in ganz Baden-Württemberg zufolge ist eine Hochburg des Schwäbischen die Ostalb. Hier gaben rund 57 Prozent der Kinder in der 1. und 2. Klasse an, Dialekt zu sprechen; im Schnitt sind es in Baden-Württemberg aber nur 30 Prozent, die sich in einer Mundart ausdrücken. 35 Prozent der befragten Kinder gaben an, reines Hochdeutsch zu sprechen. Klausmann nennt die Ostalb deshalb »ein Rückzugsgebiet für den Dialekt«. Vor allem in städtischen Gebieten verliert sich der Dialekt zunehmend und man kann beispielsweise in den öffentlichen Verkehrsmitteln in Stuttgart hören, dass Jugendliche zunehmend englische Slangwörter benutzen und es vermeiden, Dialekt zu sprechen. Ältere Menschen im ländlichen Raum, so mein persönlicher Eindruck aus vielen Gesprächen, fühlen sich durch den Dialekt im Leben verankert, und es bekümmert sie, dass dieser an Bedeutung verliert, beispielsweise bei ihren Enkelkindern. Weniger

Dialekt ist für sie gleichbedeutend mit zunehmender Heimatlosigkeit und Verlorenheit.

Dass der Dialekt an Boden verliert, liegt aber nicht nur an der mangelnden Wertschätzung und Pflege. Klausmann sieht eine klare Entwicklung dahingehend, dass süddeutsche Dialektwörter zunehmend durch norddeutsche Varianten ersetzt werden, so wie sich auch die Standardsprache in Richtung des Norddeutschen entwickelt, weil das Deutsch aus Hannover als »bestes« Deutsch empfunden wird (»Hannoverismus«). Als Beispiel führt er an, dass das schwäbische *Nachtessen* zunehmend durch das norddeutsche *Abendbrot* ersetzt wird. Wenn der Dialekt (und das betrifft sicher nicht nur Schwäbisch!) nicht aussterben soll, braucht es daher Förderprogramme und auch politische Unterstützung. Die gab es 2018 in Form einer Dialektoffensive, von *Minischderpräsident* Kretschmann höchstpersönlich ins Leben gerufen. Im baden-württembergischen Landtag gibt es seit 2019 eine parteienübergreifende Parlamentsgruppe »Dialekte in Baden-Württemberg« und im Juli 2023 wurde der »Dachverband der Dialekte Baden-Württemberg« (DDDBW) gegründet, der es sich zum Ziel gesetzt hat, die Dialekte im Land zu fördern. Er wird erstmals im Oktober 2024 einen »Landespreis für Dialekt« in verschiedenen künstlerischen Sparten vergeben.

Basisarbeit leisten seit Jahrzehnten Mundarttheater, Mundartabende und Mundartstammtische. Oft im Ehrenamt organisiert und betreut, bieten sie allen Formen künstlerischen Ausdrucks – Gedichte, Songs, Kabarett – eine Bühne. Die Künstlerinnen und Künstler wiederum, die dort auftreten, halten den Dialekt lebendig (s. Kap. »Lachen« und »Pflege«). Besonders hervorzuheben ist das Engagement des Vereins »schwäbische mund.art e. V.«, der sich der Pflege, dem Erhalt und der Erforschung des Schwäbischen verpflichtet hat und (schwäbische) Kulturschaffende auf vielfältige Weise fördert. Der »Förderverein Schwäbischer Dialekt e. V.« mit Sitz in Tübingen wiederum unterstützt neben anderen Projekten die »Mundart in der Schule«, getreu dem selbst gewählten Motto: »Wir machen das Maul auf und lassen die Mundart in den Schulen nicht weiter zerbröckeln!«

Auf Schwäbisch sagen sich Dinge anders als auf Hochdeutsch. Dies gilt es zu pflegen und zu bewahren, und zwar nicht verbissen-missionarisch, sondern mit Spaß und Freude an der Tatsache, dass man über ein zusätzliches, bereicherndes sprachliches Register verfügt. Dazu gehört ebenfalls Verständnis für und Rücksichtnahme auf die, die sich mit dem Schwäbischen schwertun. So schafft Dialekt letztlich auch Zusammenhalt, Zusammengehörigkeitsgefühl und Gemeinschaft.

Dank

Ich möchte meiner Lektorin Luisa Cimander für ihre fachliche Unterstützung und die überaus angenehme Zusammenarbeit sehr herzlich danken.

Literatur

Blau, Sebastian (1936): *Schwäbisch.* München: Piper.

Blau, Sebastian (1994): *Ob denn die Schwaben nicht auch Leut' wären ...?* 9. Aufl. Stuttgart: DVA.

Dauerausstellung »Demokratie als Lebensform«. Stuttgart: Theodor-Heuss-Haus.

Drissler, Luise (1977): *Vom Esse kommt's net. Mundart- u. andere Gedichte.* Gerlingen: Bleicher.

Fischer, Hermann / Taigel, Hermann (1986): *Schwäbisches Handwörterbuch.* Tübingen: J. C. B. Mohr.

Fischer, Jochen / Siebert, Walter / Stoppel, Gottfried (2010): *Schwäbische Küchenklassiker fein gemacht.* Tübingen: Silberburg.

Kabatek, Elisabeth (2019): *Gebrauchsanweisung für Stuttgart.* Aktualisierte Neuauflage. München: Piper. Mehr unter: www.e-kabatek.de

Klausmann, Hubert (2014): *Schwäbisch. Eine süddeutsche Sprachlandschaft.* Darmstadt: Theiss.

Klausmann, Hubert (2020): *Die schwäbischen Dialektlandschaften.* In: Schwäbische Heimat 2020/4, 391–397.

Krauss, Jörg / Peschel, Patricia (2021): *„Bis wieder die Sonne kam". Das Wirken von Catharina Pavlovna (1788–1819) als Königin von Württemberg (reg. 1816–1819).* Regensburg: Schnell & Steiner.

Raff, Gerhard (2013): *Herr, schmeiß Hirn ra! Die schwäbischen Geschichten des Gerhard Raff.* 25. Aufl. Schwaigern: Landhege.

Schick, Hermann (2009): *Der Schwabe Friedrich Schiller.* In: Schwäbische Heimat 2009/4, 440–446.

Schmid, Johann Christoph von (1831): *Schwäbisches Wörterbuch mit etymologischen und historischen Anmerkungen.* Stuttgart: Schweizerbart.

Sonderausstellung »Manfred Rommel« (14.12.2018–12.05.2018). Stuttgart: StadtPalais.

Troll, Thaddäus (2000): *O Heimatland. Verse in schwäbischer Mundart.* Tübingen: Silberburg.

Wax, Hermann (2011): *Etymologie des Schwäbischen.* 4. Aufl. Die Herkunft von mehr als 8000 schwäbischen Wörtern. Biberach: Biberacher Verlagsdruckerei.

Widmann, Gerhard (1984): *Schwäbisch vom Blatt für Schwaben und andere.* 2. Aufl. Darmstadt: Theiss.

Digitale Quellen

Baier, Martin (o. D.): *Pangloss.* www.pangloss.de

Bernau, Patrick (16.05.2010): *Die schwäbische Hausfrau.* In: Frankfurter Allgemeine Zeitung.

Der Spiegel (17.08.2023): *Diese Dialekte sind in Deutschland besonders unbeliebt (neben Sächsisch).*

El Ouassil, Samira (23.11.2023): *Wehrt euch, liebe schwäbische Hausfrauen!* In: Der Spiegel.

Förderverein Schwäbischer Dialekt e. V. www.schwaebischer-dialekt.de

Frankfurter Allgemeine Zeitung (28.01.2010): *»We are all sitting in one boat«.*

Heuss, Theodor (26.04.1950): *Schwaben kann man net trauen, auch wenn's nette Leit sin – Theodor Heuss beweist das Gegenteil.* In: SWR Retro – Politik und Zeitgeschehen. ARD Audiothek.

Heuss, Theodor (12.09.1959): *Abschiedsrede an das deutsche Volk.*

Kain, Florian (31.12.2012): *Schwaben sollen »Schrippe« sagen – findet Thierse.* In: Berliner Morgenpost.

Kollewe, Julia (17.09.2012): *Angela Merkel's austerity postergirl, the thrifty Swabian housewife.* In: The Guardian.

Mangold, Peter-Michael (o. D.): *Schwäbisch schwätza.* www.schwaebisch-schwaetza.de

Plavec, Jan Georg (19.04.2024): *Stuttgart auf Platz 2 beim hohen Netto-Einkommen.* In: Stuttgarter Zeitung.

Sellner, Jan (27.06.2022): *Der Dialekt schmilzt – aber regional unterschiedlich stark.* In: Stuttgarter Nachrichten.

Sprechender Sprachatlas Baden-Württemberg. Eberhard Karls Universität Tübingen. https://dh-center.uni-tuebingen.de/escience/sprachatlas/index.html

Stuttgarter Nachrichten (08.11.2013): *Rommel – Unvergessene Worte.*

Verein Pro Alt-Cannstatt e. V. www.proaltcannstatt.de
»Thaddäus Trolls Schwäbischer Schimpfkalender« ist bestellbar über: info@proaltcannstatt.de

Verein schwäbische mund.art e. V. www.mund-art.de

Lieder

»Die Strossaboh« – Wolle Kriwanek, Schulz Bros.
Text und Musik: Wolle Kriwanek
© 1980 Universal Music

»Nex verkomma lassa« – Ernst und Heinrich
Text und Musik: Ernst Mantel
© 2002 Schwäbisch international

»I fahr Daimler (Der PS-Walzer)« – Wolle Kriwanek, Schulz Bros.
Text und Musik: Paul Vincent Gunia, Wolle Kriwanek
© 1980 Universal Music

Kleines Wörterbuch

absupfa: abtrinken
älls: manchmal
ällweil: immer
al(t)bacha: altmodisch
aushausich: verschwenderisch
Bäbbr: Aufkleber
Bachl: dummer Mensch
an Badsch gäba: die Hand geben
Bähmulle: Weichei
blärra: heulen
Breschdling: Erdbeeren
Broggala: Erbsen
Bruddler: unzufriedener Mensch
Buddr, der: Butter
Bühne: Dachboden
Butzawackele: kleines Kind
Christkendle: Christkind
Christtag: erster Weihnachtsfeiertag
Cleverle: kluger Mensch
daub: taub; dumm
Debbich: Teppich; (Woll-)Decke
Dede: Patenonkel (Norden)
Deez: Kopf
Dode: Patentante (Norden)
ebbes: etwas
eibrockla: hineinbrocken
eidonga: eintunken
fatza: reißen
Fiaß: Beine
Fiedle: Hinterteil
Flädle: Pfannkuchen
mit Fleiß: absichtlich
gamba: schwanken; schaukeln
gautscha: schaukeln
Gette: Patenonkel (Süden)
glatt, auch **sauglatt:** lustig
glotza: schauen; starren
Göckele: halbes (Grill-)Hähnchen
Gosch: Mund
Gotte: Patentante (Süden)
grädich: schlecht gelaunt
Grombiera, auch **Äbbiera, Erdapfel:** Kartoffel
Gschäft: Arbeit
ens Gschäft ganga: zur Arbeit gehen
gschdombat: klein und gedrungen (Mensch)
Gscheidle: kluger Mensch
Guck: Tüte
gucka: schauen
hälenga: heimlich; hinterhältig
Händl: Streit
Hausdier: Haustür; Haustier
heba: festhalten
hee, auch **henich:** tot
Heideblitz!: (milder) Fluch
Heidenei!: Ausruf des Erstaunens
Hengale: Himbeeren

Hubbl:	Bodenwelle; Schwellung
Kandel:	Rinnstein; seltener: Regenrinne
Käpsele:	kluger Mensch
Knäusle:	Anschnitt oder Rest vom Brot
knitz:	gewitzt, klug
lädschig:	(zu) weich; schlapp (Mensch)
leida:	leiden; läuten
Linsa, auch **Lensa, Laisa (Alb):**	Linsen
lupfa:	hochheben
Mensch(le):	Frau; Mädchen
Migg:	Bremse
Mischde:	Misthaufen; Unordnung
Muggaseggele:	kleinstmögliche Maßeinheit
Nägele:	Nelken
Nescht:	Bett
nonderblotza:	hinunterfallen
noore macha:	sich beeilen
oglotza:	anstarren
oleida:	anrufen
oleidig:	schlecht gelaunt
pfupfra:	jucken; reizen
pressiera:	eilen; drängen
Reigschmeckte:	zugezogene Mitbürger/-innen, die des Schwäbischen nicht mächtig sind
a Rolle macha:	pinkeln (Kinder)
Rüssl:	Mund; Nase
Sau:	Schwein
saua:	schnell laufen
schaffa:	(hart) arbeiten
Schäll:	Glocke
schäps:	schief, krumm
scheints:	anscheinend
scherra:	kratzen; ungeduldig sein
Scheuer:	Scheune
schiergar:	beinahe
schleifa:	schleppen
Schlotzer:	Lutscher
schmeißa:	werfen
schnaufa:	atmen
schucka:	schubsen
Semsakrebsler:	schlechter, saurer Wein
Spreißl:	Holzsplitter
Spruchbeidl:	Sprücheklopfer/-in
Strupfer:	Schrubberbürste
Träuble:	Johannisbeeren
trebbla:	auf der Stelle treten; nervös sein
triala:	sabbern
Trialer:	Mensch, der nichts hinkriegt
Veigele:	Veilchen
verdruckt:	verklemmt; wenig zugänglich
verheba:	unterdrücken; für sich behalten; beim Heben verletzen
verzwazla:	es vor Ungeduld kaum aushalten
Wäfzg:	Wespe
wahrscheins:	wahrscheinlich
Weckle:	Brötchen
Zibebe:	Rosine
zopfa:	pflücken (Obst)

Inhaltsverzeichnis

Bildnachweis

S. 2/3: Panda Vector/Shutterstock.com

Impressum

Redaktion Luisa Cimander
Text Elisabeth Kabatek
Illustration Rebecca Meyer
Umschlaggestaltung und -abbildung Tom Leifer Design, Hamburg
Layout und Satz Dirk Brauns, estra.de, Berlin

www.duden.de
www.cornelsen.de

1. Auflage, 1. Druck 2024

Druck und Bindung: Livonia Print, Riga

ISBN 978-3-411-75665-0